FALTPLAN

»Schreiben Sie uns!

Wir hoffen, dass Ihnen dieser Reiseführer gefällt und er Ihnen ein guter Begleiter auf einer außergewöhnlichen und spannenden Reise ist.

Weil ein Reiseführer von Erfahrungen lebt, sind wir an Ihren Erlebnissen interessiert: Haben Sie im Buch ein Restaurant entdeckt, das es nicht mehr gibt, eine Sehenswürdigkeit, die wir noch nicht aufgeführt haben, oder eine falsche Adresse? Dann schreiben Sie uns!

Wir nehmen jeden Hinweis und jede Kritik ernst und arbeiten kontinuierlich daran, die Bücher aktuell zu halten und immer weiter zu verbessern. Auch wenn wir nicht jeden Wunsch erfüllen können, machen wir uns immer Gedanken über Ihre Anmerkungen.

Schreiben Sie an: info@reise-know-how.de oder Reise Know-How Verlag Peter Rump GmbH, Postfach 140666, 33626 Bielefeld

Wenn sich Ihre Infos direkt auf das Buch beziehen, bitten wir um die Angabe der Seitenzahl und der Auflagennummer bzw. des Erscheinungsjahres. Besonders hilfreiche Beiträge belohnen wir mit einem Sprachführer Ihrer Wahl aus unserer „Kauderwelsch"-Reihe.

Herzlichen Dank und gute Reisen
Ihr Reise Know-How Verlag

Diesem Buch wurde hier ein herausnehmbarer Faltplan beigefügt.
Sollte er beim Erwerb des Buches nicht mehr vorhanden sein, fragen Sie bitte bei Ihrem Buchhändler nach.

Liebe Leserin, lieber Leser,

ein unabhängiger Verlag für unabhängig Reisende – das sind wir, der Reise Know-How Verlag aus Bielefeld, eines der letzten Familienunternehmen in der Branche. Obwohl wir zu den größten Reiseführerverlagen Deutschlands gehören, ist der familiäre Umgang miteinander in allen Bereichen des Verlagslebens zu spüren: In der Geschäftsführung in zweiter Generation, in einer wertschätzenden Arbeitsatmosphäre, in der Nähe zu unseren frei arbeitenden Autorinnen und Autoren, im engen Austausch mit unseren Leserinnen und Lesern – und auch in der Zusammenarbeit mit Druckereien in Deutschland, in denen wir ausschließlich und regional unsere Bücher produzieren. Die sollen schließlich erst mit Ihnen auf große Reise gehen.

Alles, was wir in unsere Bücher und Landkarten stecken, soll Ihnen eines ermöglichen: Auf Ihre ganz eigene, individuelle Weise die Welt zu entdecken. Wir wünschen Ihnen viel Freude und unvergessliche Erlebnisse mit diesem Reiseführer.

Es grüßen herzlich
Peter Rump & Wayan Rump

See you in Oxford!

Die Stadt ist klein, aber voller Überraschungen. Die Nennung ihres Namens löst eine Flut von Assoziationen aus. Schönheit und akademische Brillanz, Fantasie und jugendlicher Übermut ... „Oxford" hat einen so guten Klang, dass es zur Weltmarke geworden ist. Oxford Jeans, Software-Apps und Mountainbikes, Herrenschuhe und Damenhüte – sie alle schmücken sich mit dem Namen der Stadt und sonnen sich in ihrem Ruhm. „Oxford English" ist in weiten Teilen der Welt das Maß aller Dinge.

Wenn London das Herz des British Commonwealth ist, so ist Oxford sein Hirn. Seit 1000 Jahren wird an seinen Colleges die intellektuelle Elite des Landes geschmiedet, fast alle britischen Premiers und Nobelpreisträger haben hier ihre besten Jahre verbracht. Mit meterdicken mittelalterlichen Mauern, verspielten Erkern und hohen Türmen wirken die Colleges wie aus einem Märchen, ihre paradiesischen Gärten haben manch einen Geistesblitz befördert. Kein Wunder, dass sie schon so oft als Kulisse für Romane und Filme dienten.

In Oxford wird Historisches gepflegt und Modernes enthusiastisch gefördert. Besuchen Sie Oxford, entdecken Sie Museen von Weltrang, klösterliche Colleges und traditionelle Pubs. Beim Shopping finden Sie die neuesten Trends und in den Restaurants kann man sich rund um die Welt essen. Noch ein Vorteil: Woodstock mit dem Blenheim Castle ist schnell erreicht, London nur eine Stunde entfernt!

Die Autoren

Dieter Schulze studierte Literatur- und Sozialwissenschaften, erlernte Russisch und Spanisch. In Anglistik promovierte er mit einer Studie über den irischen Dramatiker Samuel Beckett. Danach arbeitete er in Oxford als Leiter von Englischkursen und bereitete viele Jahre deutsche Schüler auf das Abitur vor. Die britische Universitätsstadt wurde zu seiner zweiten Heimat. In den vergangenen Jahren hat er mehrere Reisebücher zu Polen, Slowenien und Spanien geschrieben. Bei Reise Know-How erschienen Bücher zu Gran Canaria, Fuerteventura und Lanzarote.

Izabella Gawin studierte Kunst und Germanistik an den Universitäten Bonn und Bremen und promovierte über ein Thema der Kulturwissenschaften. Sie verfasste zahlreiche Städte- und Regionalführer zu europäischen Zielen, bei Reise Know-How erschienen u. a. Bände zu Südpolen, La Gomera, La Palma und El Hierro. Besuchen Sie Izabella und Dieter auch auf ihrem Blog: www.trip-to-go.com.

140ox-Markus Oyen

141ox-gs

Inhalt

Cleveres Nummernsystem

Die Sehenswürdigkeiten sind im Text und im Kartenmaterial mit derselben **magentafarbenen ovalen Nummer** ① markiert. Alle anderen Lokalitäten wie Geschäfte, Restaurants usw. tragen ein **Symbol und eine fortlaufende rote Nummer** (🔒**1**). Die Liste aller Orte befindet sich im Anhang, die Zeichenerklärung in der hinteren Umschlagklappe innen.

🦋 Der Schmetterling ...

... zeigt an, wo man Angebote im Bereich des nachhaltigen Tourismus findet.

Bewertung der Sehenswürdigkeiten

★★★ nicht verpassen
★★ besonders sehenswert
★ wichtig für speziell interessierte Besucher

Planquadrat im Kartenmaterial

[A1] Orte ohne diese Angabe liegen außerhalb unserer Karten. Ihre Lage kann aber wie die aller Ortsmarken mithilfe der begleitenden Web-App angezeigt werden (s. hintere Umschlagklappe innen).

Vorwahlen

› für Oxford: 01865
› Großbritannien: +44

Updates zum Buch

www.reise-know-how.de/citytrip/oxford23

☐ *The Dreaming Spires of Oxford – Oxfords träumende Türme (070ox Abb.: VisitBritain)*

NICHT VERPASSEN!

3 University Church of St. Mary the Virgin [J10]
Vom Turm der gotischen Universitätskirche bietet sich ein atemberaubender Blick auf Oxfords Zentrum (s. S. 15).

4 Radcliffe Camera [J10]
Oxfords elegantester Platz: in der Rasenmitte ein imposanter Kuppelbau, ringsherum die Türme und Zinnen von Kirchen und Colleges (s. S. 15).

9 Bodleian Library [J10]
Eine Burg für Bücher: In einer der weltweit größten Bibliotheken lagern auf vier Stockwerken mehr als sieben Millionen Titel in 110 Regalmeilen (s. S. 19).

12 Sheldonian Theatre [J10]
Außen und innen schwingende Formen: der Ort, an dem wichtige Universitätszeremonien stattfinden (s. S. 20).

19 Ashmolean Museum [I9]
Eines der ältesten Museen der Welt: Von ägyptischen Mumien bis zu Werken der Neuzeit wird Hochkarätiges aus mehreren Tausend Jahren Menschheitsgeschichte ausgestellt (s. S. 25).

25 Christ Church [J11]
Das herrschaftlichste College Oxfords, voller Grandezza und Eleganz. 14 britische Premiers sind aus ihm hervorgegangen. Zum College gehört auch eine attraktive Picture Gallery (s. S. 28).

34 University Museum of Natural History [J9]
Evolutions- und Kulturgeschichte: Originalskelette von Dinosauriern in einer viktorianischen „Kathedrale“ (s. S. 38).

45 Botanic Garden [K10]
Der älteste botanische Garten Großbritanniens von 1621: In Treibhäusern wachsen Exoten aus aller Welt, von Wüstenspezialisten über Lilien bis zu Fleischfressern (s. S. 46).

080ox Abb.: ©Andrei Nekrassov, stock.adobe.com

Willkommen in Oxford

„Schönste Stadt der Welt" nannte sie der Dichter John Keats. Bis heute hat Oxford nichts von seiner Faszination eingebüßt: Seine alten Mauern aus Sandstein, die Türme und Kuppeln wirken wie aus dem Bilderbuch. Oxford ist eine Stadt der kurzen Wege – alles, was sehenswert ist, kann zu Fuß erschlossen werden. Selbst mit nur wenig Zeit kann man im Rahmen des Stadtspaziergangs (s. S. 12) alles Wichtige kennenlernen. Will man auf einen fahrbaren Untersatz nicht verzichten, springt man in den Doppeldeckerbus oder steigt ins Boot.

Zu Fuß

Wer in diese Stadt kommt, kann viel sehen und eine Menge erleben. Zur besseren Orientierung empfiehlt sich ein **Blick aus der Vogelperspektive.** Gleich von fünf Orten bieten sich An- und Einsichten der besonderen Art: Vom Turm der University Church 3 schaut man – an Türmchen und gotischen Wasserspeiern vorbei – auf einen Platz aus 1001 Nacht, von der Kuppel des Sheldonian Theatre 12 überblickt man die verschachtelten Innenhöfe der Bodleian Library 9. Besuchern des Carfax Tower 1 und der St. Michael's Church 20 liegt das quirlige Zentrum zu Füßen, während man von den Türmen und dem aufgeschütteten Hügel des Oxford Castle 42 die modernen Vororte im Blick hat.

Wer des Laufens in Oxford müde wird, findet überall nette Cafés – auch **grüne Oasen** sind immer in Reichweite. Ob Botanischer Garten 45, Christ Church Meadow 47 oder University Parks 37: Nie braucht man länger als zehn Minuten, um ins Grüne abzutauchen und dem Trubel zu entfliehen.

Ein Erlebnis besonderer Art ist der **Spaziergang bei Nacht.** In den schummrig beleuchteten Altstadtgassen herrscht ausgelassene Stimmung. Nicht nur am Wochenende ist *pub crawl* angesagt: ein Kneipenbummel durch mehrere traditionsreiche Pubs, angefangen vom Turf Tavern (s. S. 68), dann über das King's Arms (s. S. 67) ins winzige White Horse (s. S. 69) oder in Tolkiens Stammkneipe Eagle and Child (s. S. 66).

Mit dem Boot

„Durch meilenweit sich erstreckende Seerosen, die auf dem Wasser dicht zusammen liegen wie ein Märchenteppich": Mit diesen Worten beschrieb Charles Dickens seine **Spazierfahrt durch die Flusslandschaft Oxfords.** Wer es ihm nachtun möchte, um den Windungen der Flüsse Cherwell und Isis (= Themse, von lat. Thamesis) zu folgen, mietet sich ein Boot.

Beliebt ist vor allem das **Punting (Staken).** Die hierfür verwendeten Boote sind etwa 4 m lang und 1,5 m breit. Meist sitzen fünf Leute im Boot, einer von ihnen mit einem langen Stab, den er mehr oder weniger kunstvoll ins Wasser gleiten lässt, um das Boot voranzutreiben. Empfehlenswert ist es, sich mit dem Stab auf dem randlosen Bugteil zu platzieren und möglichst gerade zu lenken. Eine der am Heck oder in der Mitte sitzenden Personen greift mit einem kleinen Paddel, sofern nötig, korrigierend ein. Gefährlich kann es

‹ Vorseite: Blick vom Turm der University Church 3

an Stellen werden, wo das Flussbett verschlammt ist und der Stab möglicherweise stecken bleibt. In einem solchen Fall wird der Unerfahrene versucht sein, sich am Stab festzuhalten – ein kühles Bad wäre die Folge. Darum ist es ratsam, den Stab kurzerhand aufzugeben und anschließend zu dieser Stelle zurückzupaddeln.

An mehreren Stellen werden Punting- und Ruderboote verliehen, die Saison dauert von März bis Oktober (tgl. von 10 Uhr bis zur Dämmerung). Besonders malerisch ist der **Flussabschnitt nahe der Magdalen Bridge** [L10], wo man an den Botanischen Gärten ㊺ und am St. Hilda's College vorbeikommt. Eine Stunde kostet hier 25 bis 30 £ (bis zu 5 Pers.). Mit einem Bootsführer, der die Arbeit des Stakens und Ruderns übernimmt, erhöht sich der Preis auf 35 bis 40 £ für 30 Minuten. Kaution und Personalausweis müssen hinterlegt werden:

Rudern auf dem Cherwell

- •**4** [L10] **Magdalen Bridge Boathouse (Howard & Son)**, High Street, Tel. 01865 202643, www.oxfordpunting.co.uk
- › **Cherwell Boat House** (s. S. 61), Tel. 01865 515978, https://cherwellpunting.co.uk
- •**5** [J12] **Folly Bridge Punts,** Tel. 01865 243421, www.salterssteamers.co.uk

Im Ausflugsschiff

Traditionelle Ausflugsfahrten starten an der Folly Bridge. Zur Wahl stehen 30- bzw. 50-minütige Touren mit den „Highlights in Oxford", Sonnenuntergangs-, Picknick- und Dinner-Trips. Begehrt ist auch „Mad Hatter's Tea Party": Dabei folgt man zwei Stunden jenem Flussweg, der den Schriftsteller Lewis Carroll 1862 zu „Alice im Wunderland" inspirierte – an Bord wird als besondere Zugabe Afternoon Tea serviert.

- •**6** [J12] **Oxford River Cruises,** Folly Bridge, www.oxfordrivercruises.com, Tel. 01865 987147; weitere Touren organisiert Salters (s. o. Folly Bridge Punts).

Kurztrip nach Oxford

Auch wer nur für drei Tage kommt, wird vom Sog der „Geistesrepublik" erfasst: Sie ist eine „Insel auf der Insel", wartet auf mit surreal schöner College-Architektur, malerischen Innenhöfen und Gärten.

1. Tag

Morgens

Nach einem üppigen English Breakfast spaziert man zur **University Church** 3, wo sich vom Kirchturm ein fantastischer Ausblick bietet: Wenn man den eleganten **Radcliffe Square** [J10] unter sich sieht, begreift man, warum Oxford vielen Besuchern als „schönste Stadt der Welt" erscheint. In der **Bodleian Library** 9 und im **Sheldonian Theatre** 12 werden Bildung und Wissen zelebriert, im Café des riesigen Buchladens **Blackwell's** 10 bereiten sich Studierende auf ihre Prüfung vor.

Mittags

Ein guter Ort für einen Lunch ist der schattige Garten des **Turf Tavern** (s. S. 68). Gestärkt startet man in die nächste Sightseeing-Runde, könnte das **Trinity College** 14 besuchen, das Museum of the **History of Science** 13 oder den **Covered Market** 24, einen überdachten Markt mit über 50 Geschäften. Westlich vom Carfax [I10] befinden sich das international anerkannte Museum **Modern Art** 43 und das **Oxford Castle** 42, wo bis 1996 Gefangene einsaßen.

Blick auf den Radcliffe Square mit der Radcliffe Camera 4

Abends

Nach dem Dinner hat man die Qual der Wahl: Darf es ein Klassikkonzert im **Sheldonian Theatre** ⓬ sein oder eine **Shakespeare-Aufführung** in einem der College-Gärten? Die Touristeninfo in der High Street (s. S. 106) hält aktuelle Angebote bereit, weitere Hinweise findet man an Plakatsäulen.

2. Tag

Morgens

Der Tag beginnt mit einem Besuch von **Christ Church** ㉕, dem repräsentativsten und beeindruckendsten College Oxfords samt Kathedrale und einer Kunstgalerie europäischer Meister. Mindestens zwei Stunden sollte man für diesen Besuch einplanen. Über die kopfsteingepflasterte Merton Street geht es anschließend zur High Street. Bei gutem Wetter spaziert man zum **Magdalen College** ㊹ hinab, mietet an der Magdalen Bridge ein Boot und gleitet stakend oder rudernd durch Gärten und Parks (s. S. 8).

Mittags

Über das **New College** ㉜ kehrt man ins Zentrum zurück und kann eine kleine Pause zum Lunch im King's Arms (s. S. 67) an der zentralen Kreuzung Holywell/Broad Street machen.

Im **University Museum** ㉞ oder im **Pitt Rivers Museum** ㉟ taucht man anschließend in die faszinierende Welt fremder Kulturen ein. Das **Ashmolean** ⓳ ist Oxfords Gegenstück zum Londoner British Museum. Am Nordende des Boulevards St. Giles [I9] könnte man sich in einem Lebensmittelgeschäft für ein Picknick am Fluss eindecken.

Fettnäpfchen ...

Die meisten Briten sprechen mit Vorliebe über das Wetter, mit Fremden auch gern über alles, was an England positiv ist. Empfindlich reagieren viele auf Kritik am Königshaus und an der Monarchie, Umfrageergebnisse spiegeln einen unverändert intakten Nationalismus.

Um Persönlich-Privates machen die Briten einen großen Bogen. Da verwundert es nicht, dass sie zwar jedes Gespräch mit der Frage „How do you do?“ einleiten, doch eine ehrliche Antwort nicht hören wollen – schon gar nicht, dass es einem schlecht geht. Wie es ins Haus hereinschallt, so schallt es zurück, einzig die Gegenfrage „How do you do“ ist zugelassen.

Sagen Sie immer brav „please“, wenn Sie etwas haben möchten oder „You're welcome“, wenn sich jemand bei Ihnen bedankt hat. Die Frage, wie Sie den Weg z. B. zum Carfax finden, leiten Sie mit den Worten „Excuse me“ ein. Am Bus oder vor der Kinokasse hat man geduldig Schlange zu stehen – einer nach dem anderen, lautet die Devise.

Abends

Von der Hythe Bridge Street führt ein malerischer Weg zur **Port Meadow** ㊿. Wer früh losspaziert, kommt bis zum **Trout Inn** 51, einem der schönsten Pubs Englands – hat man nicht vorher schon gepicknickt, kann man hier traditionelles Pub Food probieren!

0620ox Abb.: gs

MEIN TIPP

Am Sonntag

Auch wer nicht religiös ist, wird gern dem majestätischen Orgelklang und den hellen Stimmen des Knabenchors lauschen: Die Messe in der Christ Church Cathedral 25 beginnt um 9 Uhr, Eingang via Tom Gate (St. Aldates). Alternativ bietet sich um 11.15 Uhr ein „Coffee Concert" im Holywell Music Room (s. S. 64) an: klassische Musik in einem Raum mit wunderbarer Akustik. Mit dem Eintritt verknüpft ist die Einladung zu einer Tasse Kaffee im The Vaults and Garden Café (s. S. 58) in der University Church oder im King's Arms (s. S. 67).

Für Bücherfreunde hält das Geschäft Blackwell's 10 seine Türen von 12 bis 17 Uhr geöffnet – in allen seinen Läden kann sich der Kunde ohne Hast in Bücher vergraben. Auch die meisten Museen bleiben sonntags geöffnet. Das traditionelle englische Sonntagsessen wird in vielen Pubs serviert, z. B. im Old Tom (s. S. 67).

Stadtspaziergang

Selbst mit nur wenig Zeit kann man im Rahmen des hier skizzierten Spaziergangs alles Wichtige kennenlernen – Oxford ist eine Stadt der kurzen Wege!

Als Ausgangspunkt eignet sich der mittelalterliche **Carfax Tower** 1, der Dreh- und Angelpunkt der Stadt. Zunächst lässt man sich ein kurzes Stück auf der **High Street** 2 vorwärts treiben und biegt nach der University Church 3 links in die Catte Street Richtung **Radcliffe Square** ein. Der weite Platz wird vom Kuppelbau der Radcliffe Camera 4 dominiert und ist vom Brasenose College 5 und anderen Prachtbauten gesäumt. Durch eine Passage gelangt man in den **Innenhof der Bodleian Library** 9, einem Meisterwerk der Gotik und einer der wichtigsten Bibliotheken weltweit. Auf einem kleinen Abstecher ist die malerische Bridge of Sighs 8 zu sehen, links geht es zur **Broad Street.** Der schönste der in dieser Straße versammelten Buchläden ist der labyrinthische Blackwell's 10, schräg gegenüber liegt das Sheldonian Theatre 12.

Vorbei am **Museum of the History of Science** 13, dann dem Trinity 14 und Balliol College 15, verläuft der Spaziergang gegen Ende der Straße rechts weiter, passiert das neugotische Martyr's Memorial 16 und mündet vor den heiligen Hallen des **Ashmolean Museums** 19 – reich bestückt mit faszinierenden Kunstwerken, Bildern von Michelangelo, Raffael, Hogarth und Dürer sowie antiken Skulpturen. Danach geht es in **Richtung Carfax zurück**, links in die Ship Street, dann rechts in die Turl Street. Biegt man von der Turl Street rechts in die Market Street, gelangt man über einen der Eingänge auf der lin-

Routenverlauf im Stadtplan
Der hier beschriebene Spaziergang ist mit einer farbigen Linie im Stadtplan eingezeichnet.

ken Seite in den **Covered Market** (24), Oxfords alte Markthalle. Die **Golden Cross Passage** führt rechter Hand zur kommerziellen **Cornmarket Street**, an deren Ende der Carfax Tower (1) wacht.

Ein Bummel die St. Aldate's hinab führt zum hochherrschaftlichen **Christ Church College** (25), die Geburtsstätte von „Alice im Wunderland". Am Rande des Prunkbaus verläuft links der **Broad Walk**, ein breiter Sandweg auf dem College-Gelände, auf den man durch ein schmiedeeisernes Tor gelangt und der für kurze Zeit aufs Land hinausführt. Man biegt links in den entlang der Mauern verlaufenden **Deadman's Walk** ein und wenig später links in die **Rose Lane**. Diese führt am Botanic Garden (45) vorbei zur High Street. Wer auf einen Besuch des gegenüberliegenden Magdalen College (44) verzichtet, folgt der High Street ein paar Schritte nach links, um dann links in die stille **Merton Street** einzuschwenken, über die man Zugang zur **Christ Church Picture Gallery** (26) hat. Vorbei am romantischen **Merton College** (29) gelangt man – nach einiger Zeit im Schatten mächtiger College-Mauern – auf die **Bear Lane** und anschließend die **Blue Boar Street**, die in die St. Aldate's mündet. Folgt man dieser nach rechts, gelangt man an den Startpunkt des Spaziergangs, den **Carfax Tower** (1), zurück.

110ox Abb.: gs

⌃ *„Am Anfang war das Wort" – in der Universitätskirche* (3)

‹ *Am Magdalen Bridge Boat House kann man Stakboote mieten (s. S. 9)*

Das gibt es nur in Oxford

- **Oxford Blue:** Vieles kann blau sein – Blaubeereis, würziger Käse oder Cocktail.
- **Elite-Schmiede seit über 800 Jahren:** 46 Nobelpreisträger haben hier studiert.
- **The Bumps:** das heiterste Achter-Duell, bevor es gegen Cambridge ernst wird
- **Oxford English:** die Referenz im gesprochenen Englisch
- **Ashmolean:** eines der ältesten öffentlichen Museen der Welt (19)
- **Blackwell's:** Nirgendwo auf der Welt findet man mehr Bücher in einem einzigen Raum (10).

Das Herz der Universität

Nördlich der High Street, auch „The High" genannt, macht man einen Zeitsprung ins Mittelalter. Rund um den Radcliffe Square drängen sich auf wenigen Hundert Quadratmetern architektonische Meisterwerke der letzten 1000 Jahre.

1 Carfax Tower ★ [I10]

Die Kirche St. Martin wurde 1896 abgerissen, doch ihr Turm aus dem 13. Jahrhundert blieb erhalten und markiert bis heute den Mittelpunkt der Stadt. Straßen aus allen Himmelsrichtungen kreuzen sich hier: Westwärts verlängert sich die Queen Street, eine quirlige, wahrlich nicht königlich anmutende Einkaufs- und Fußgängerstraße, in die New Road zum Bahnhof. Nordwärts führt die Cornmarket Street über St. Giles in Oxfords vornehmsten Wohnbezirk, Summertown. Nach Süden geht es auf St. Aldates zum Christ Church 25, ein architektonisches Juwel ist die – leider noch nicht verkehrsberuhigte – High Street 2, die einen eleganten Bogen beschreibend gen Osten führt.

Unter der Uhr des Carfax-Turms erscheinen zu jeder Viertelstunde zwei Ritterfiguren und eröffnen ein Glockenspiel. Wer die 99 Stufen zur Aussichtsplattform hinaufsteigt (nicht zu empfehlen für Kinder unter 6 Jahren), genießt einen interessanten Ausblick, vor allem auf die Einkaufsstraßen der Stadt.

› Ecke Queen Street/Cornmarket Street, Tel. 01865 792653, Aussichtsplattform: April–Sept. tgl. 10–17.30, Okt. 10–16.30, Nov.–März 10–15 Uhr, Eintritt 2,50 £, Kinder die Hälfte

Was den Carfax so anziehend macht

Der Schriftsteller Thomas Hardy (1840–1928), dem es aufgrund seiner Herkunft (sein Vater war Steinmetz) nicht gelang, einen Studienplatz in Oxford zu bekommen, hat in seinem Roman „Jude the Obscure" (1896) den Carfax folgendermaßen beschrieben: „In allen Zeiten haben Menschen hier gestanden und debattiert – über Napoleon, den Verlust Amerikas, die Hinrichtung von König Karl I., die Verbrennung der Märtyrer, die Kreuzzüge, die normannische Eroberung, wahrscheinlich sogar die Ankunft Julius Cäsars. Männer und Frauen haben sich hier getroffen, um sich zu lieben, zu hassen, zu paaren, sich zu trennen; sie haben aufeinander gewartet und füreinander gelitten; sie haben übereinander triumphiert; sie haben sich verflucht aufgrund von Eifersucht, sie haben einander vergeben und glücklich gemacht.

2 High Street ★★ [J10]

„Pace the long avenue, or glide adown the stream-like windings of that glorious street." William Wordsworth lobte in einem Sonett die elegant geschwungene Straße, für Nathaniel Hawthorne war sie „die vornehmste des Königreichs". Und auch George Bernard Shaw kam ins Schwärmen, sobald er die sanft sich windende Kurve erblickte – am liebsten übernachtete er im Mitre Inn, einem Gasthaus an der Ecke Turl Street (heute das Turl Street Mitre B&B, s. S. 114). „High" heißt die Straße, weil sie Oxfords Hauptstraße ist – gesäumt von Colleges, Traditionsgeschäften und Cafés.

3 University Church of St. Mary the Virgin ★★★ [J10]

Vom hohen Kirchturm bietet sich dem Besucher ein märchenhaftes Panorama.

Die Universitätskirche wurde Ende des 13. Jahrhunderts erbaut und diente bis zur Fertigstellung der Bodleian Library 9 als akademischer Prüfungsort. Man betritt sie durch das barocke Südportal und geht durchs Hauptschiff quer hinüber zum Souvenirladen. Neben diesem befindet sich der Aufstieg zum Turm. Über 127 Stufen geht es hinauf, vorbei an grotesken Steinmetzarbeiten: Bizarre Bestien setzen zum Sturzflug an, verschreckte Kreaturen kauern in den Winkeln des Dachgestühls.

Von der Turmspitze hat man eine atemberaubende Aussicht. Die Gebäude wirken wohlproportioniert und harmonisch, im Zusammenspiel mit den Plätzen entstehen verblüffende Perspektiven. Im Osten sieht man die High Street, im Norden den von einem Rundbau mit Kuppel beherrschten Radcliffe Square [J10], den schönsten Platz Oxfords. Dahinter erhebt sich die Bodleian Library. Zur Linken sieht man das Brasenose College 5, zur Rechten das All Souls College 6.

Verlässt man die Kirche an ihrer Nordseite, entdeckt man das ungewöhnliche **The Vaults and Garden Café** (s. S. 58): Zwischen Grabsteinen sitzt man im Grünen und blickt auf die Radcliffe Camera 4.

› High Street/Catte Street, www.university-church.ox.ac.uk, Tel. 01865 279111, Mo.–Sa. 9.30–17, So. 12–17 Uhr, Turmbesteigung 5 £ (Mindestalter 8 Jahre, Kinder nur in Begleitung von Erwachsenen), Tickets im Laden erhältlich

4 Radcliffe Camera ★★ [J10]

John Radcliffe, nach dem Rundbau und umgebender Platz benannt sind, war zu Beginn des 18. Jh. der bestbezahlte Arzt Englands. Einen Teil seines Vermögens vermachte er der Universität für den Bau einer Bibliothek, die nach Entwürfen der damaligen Star-Architekten Nicholas Hawksmoor und James Gibbs erbaut wurde. Balustrade und Kuppel im Stil der italienischen Renaissance machen die Camera zu einem der attraktivsten Gebäude der Stadt. Sie wird als studentischer Leseraum genutzt, der Öffentlichkeit bleibt der Zugang versperrt.

Ein rundes Haus – Radcliffe Camera

111ox Abb.: gs

Gargoyles – Gestalten der Unterwelt

Kunstvolle Bauplastik ziert viele Fassaden und Mauern der Stadt. Meist sind groteske Gnomen und Kobolde dargestellt, nasebohrende Scharlatane und monsterähnliche Wesen. Kaum hat der Blick sie gestreift, beginnt ihr verschmitzt-arglistiges Spiel. Sie schauen spöttisch und mit kaum verhohlener Schadenfreude auf uns hinab, einige schütteln sich vor Lachen. Andere gefallen sich in narzisstischer Pose, dämmern in melancholischer Grübelei oder wirken verzweifelt, sind versteinert seit sehr langer Zeit. „Gargoyles" (Wasserspeier) oder auch „Grotesques" (Grotesken) werden sie genannt – Boten der Unterwelt von abartiger Schönheit.

Aus dem heutigen Stadtbild sind sie nicht mehr wegzudenken. Selbst in Kirchenkreisen hat man sich in der Zwischenzeit an sie gewöhnt: Man straft ihre zur Schau gestellte zersetzende Gesinnung mit Nichtbeachtung oder macht sie zum Bestandteil einer prokirchlichen Werbekampagne.

Der Pförtner

Der Porter, jener meist skeptisch schauende Herr mit Melone am Eingang des College, wacht sorgsam darüber, dass sich die Studierenden einfügen und nicht über die Stränge schlagen. Ein rigides System von Auflagen und Regeln ist den meisten Studierenden noch aus ihrer Internatszeit vertraut. Doch bereits dort galt die konservative Maxime: Nur wer um die Beschränkung weiß, kann sich der Freiheit erfreuen. Und wer es früh gelernt hat, sich in die Ordnung zu fügen, wird sie später mitgestalten dürfen. In den Sommerferien werden nicht die Studierenden, sondern die Besucher bewacht ...

5 Brasenose College ★★ [J10]

Der Name *brazen nose* stammt von dem bronzenen Türklopfer in Form einer Nase, der ab 1279 am Eingang des späteren College angebracht war. Er signalisierte den Zutritt zu einem „rechtsfreien" Raum und sicherte Schutz vor städtischer Verfolgung. Heute hängt er über dem High Table (siehe Glossar) im Speisesaal des College.

Brasenose College wurde 1509 gegründet. Der Old Quad, den man durch den betürmten Haupteingang betritt, dokumentiert die Architektur jener Zeit. An der Südseite des Innenhofs befindet sich der Speisesaal, an der Nordseite eine Sonnenuhr anno 1719. Am schönsten ist der Blick von der Nordwestecke: Über dem Eingang erhebt sich die Kuppel der Radcliffe Camera, rechts im Bild erscheint der Turm der University Church 3. Die Collegekapelle aus dem Jahr 1666 kann im benachbarten Chapel Quad besichtigt werden; der angrenzende New Quad (1886–1911) ist für Besucher in den Sommermonaten nicht zugänglich.

Bekannte Brasenose-Absolventen sind der Nobelpreisträger William Golding (1911–1993), Verfasser des vom Magdalen-Star Peter Brook verfilmten Romans „Lord of the Flies" (1954), sowie der Philosoph Robert Burton (1577–1640), Verfasser der berühmten „Anatomie der Melancholie“ (1621). Da es darin vor allem um Liebesmelancholie geht, beschloss ein deutscher Verlag, den Titel in „Schwermut der Liebe“ abzuändern.

› Radcliffe Square (Westseite), Mo.-Fr. 10-11.30 und 14-16.30, Sa./So. 9.30-10.30 und 14-16.30 Uhr, Eintritt 2 £, www.bnc.ox.ac.uk

6 All Souls College ★★★ [J10]

So schön wie ein Schloss ...

Blickt man vom Radcliffe Square auf das 1437 gegründete „Allerseelen-College“, glaubt man, vor einem Märchenschloss zu stehen: Inmitten gezinnter, weißlich schimmernder Mauern öffnet sich ein goldverziertes Tor – an dem leider oft geschrieben steht: *Closed to Visitors.* Der elegante Innenhof wurde 1716 von Nicholas Hawksmoor entworfen und vereinigt klassische Symmetrie mit gotischem Detail. Über hoch aufragenden Fenstern und umgeben von spitz ausgerichteten Türmen prangt eine Sonnenuhr. Die im gleichen Gebäudetrakt befindliche Bibliothek wurde von einem Zuckerbaron aus Barbados finanziert, der einen sicheren Aufbewahrungsort für seinen Bücherschatz suchte.

All Souls ist **das elitärste und zugleich am besten ausgestattete College Oxfords,** eine fürstliche Residenz für die wissenschaftliche Crème de la Crème. Wer zum Fellow of All Souls ernannt wird, braucht zu niemandem aufzuschauen – er hat die höchste Sprosse der akademischen Karriereleiter erklommen. Hier wird nicht gelehrt, sondern nur geforscht und das Erforschte im Austausch mit anderen Koryphäen diskutiert.

041ox Abb.: gs

Im Front Quad des Brasenose College

› Radcliffe Square (Ostseite), Tel. 01865 279379, www.asc.ox.ac.uk/visiting-college-0, Mo.-Fr. 14-16 Uhr, im August, Ostern und Weihnachten geschlossen, Eintritt frei

7 Hertford College ★ [J10]

Das College an der Catte Street, der „Straße der Mäusefänger“ (abgeleitet von *cat,* „die Katze“), hat einen hohen Anteil an Staatsschülern und ist bekannt für seine lockere Atmosphäre. Es stellt die besten Hockey- und Fußballspieler der Stadt, der Bierkonsum ist höher als in jedem anderen College – „kein Wunder“, sagen die Verfechter der Privatschulen ...

042ox Abb.: gs

Im Hertford studiert haben John Donne (1572–1631), dessen frühe Liebeslyrik Popsänger Sting vertonte, Thomas Hobbes (1588–1679), der sich zum absolutistischen Staat bekannte, Jonathan Swift (1667–1731), der die englische Irlandpolitik geißelte, und nicht zuletzt der britische Schriftsteller Evelyn Waugh (1903–1966), der in seiner Autobiografie 1964 seine Studienjahre beschrieb: „Ich wollte alles kennenlernen, was Oxford zu bieten hat, wollte in mich aufsaugen, so viel ich konnte." Wir erfahren, dass er abends gefährliche Kletterpartien über Mauern und Dächer veranstalten musste, um ins College zu kommen – die Eingangstore wurden damals bereits um 21 Uhr geschlossen. Waugh hat sein Geschichtsstudium nie beendet, ließ sich dafür als Maler ausbilden und schrieb satirische Romane. Sein bekanntestes (und oben zitiertes) Werk ist „Brideshead Revisited" (1945), ein satirischer Roman über die Studienjahre in Oxford, das ausschweifende Leben und die Schwierigkeiten, sinnvoll mit Geld umzugehen.

› Catte Street (Ostseite), Mo.-Fr. 10–15, Sa. 14–16 Uhr (während der Prüfungen Mai/Juni geschl.), www.hertford.ox.ac.uk, Eintritt frei

8 Bridge of Sighs ★★★ [J10]

Anmutiger Bogen über einer dunklen Gasse

Die „Seufzerbrücke" von 1913, eines der meistfotografierten Motive Oxfords, ist die Kopie einer berühmten venezianischen Brücke, der um 1600 von Antonio Contino erbauten *Ponte dei Sospiri,* und hat von dieser

Mein Tipp

Turf Tavern

Unter der Seufzerbrücke versteckt sich der Eingang zu einem schönen, einladenden Gartenpub (s. S. 68). Er ist auch über die von der Holywell Street abzweigende Passage Bath Place erreichbar.

auch ihren Namen erhalten. Sie überspannt die New College Lane und verbindet die alten und neuen Gebäudeteile von Hertford College.

9 Bodleian Library ★★★ [J10]

Wissen ist Macht: eine der größten und großartigsten Buchkollektionen der Welt

Alle Wege in die Universitätsbibliothek führen über den quadratischen, von hohen Mauern umgrenzten Innenhof, den Old Schools Quadrangle (1613). Über Eingangstüren steht geschrieben, welche Studienfächer hier gelehrt wurden: Musik und Arithmetik, Geometrie und Astronomie, Metaphysik und Philosophie, Logik und Rhetorik, Sprachen und Geschichte. Für die Theologie als wichtigste Fakultät war die Divinity School (1426–1480) reserviert. Sie ist zugänglich. Hinter einer mehrere hundert Jahre alten, schweren Eichentür öffnet sich ein Saal, dessen Decke mit fantastischen Sternengewölben überzogen ist. Auch die Wände wirken filigran, weil sie fast nur aus raumhohen Maßwerkfenstern bestehen.

Die Seufzerbrücke (Bridge of Sighs) zwischen alten und neuen Gebäuden des Hertford College

Auf den Spuren Harry Potters in Oxford

Oxfords verwunschene Räume sind die ideale Kulisse für Fantasyfilme. So überrascht es nicht, dass ein paar Szenen der Harry-Potter-Filme hier gedreht wurden. Die Tourismusstrategen freut's: Oxford ist eine von mehreren Stationen in England, wo sich die Potter-Fans auf ihrem „Wiedererkennungs-Trip" tummeln. Brav bezahlen sie das Eintrittsgeld im New College 32, wo sie sich im romantischen Kreuzgang das „Trimagische Turnier" in Erinnerung rufen, und ebenso brav strömen sie ins Christ Church 25, um Fotos von dem mittelalterlichen Speisesaal zu machen. „Unbelievable, it looks exactly like Hogwart's Hall!" So sprechen sie und sollten doch eigentlich wissen, dass der Saal in einem Studio nachgebaut und „gestreckt" wurde, da der vom Original gebotene Platz für die im Film darzustellende Szene zu gering war.

Real gefilmt wurden Szenen im Treppenhaus und in der College-Bibliothek, aber auch im New College 32, im Wadham College 33 und nicht zuletzt in der Bodleian Library 9: Die Divinity School erkennen die Fans der Fantasy-Romane als Hogwarts Sanatorium und die kilometerlangen, mit Büchern vollgestopften Regale der Duke Humfrey's Library sind der Ort, wo man Antworten auf alle wichtigen Fragen findet. Emma Watson, die Darstellerin der Figur der Hermine, kommt aus Oxford und darf sich daher vor den Fans zwölf Monate im Jahr verstecken.

Über der Divinity School hat die Duke Humfrey's Library (1488) ihren Platz. Nur in Begleitung eines Führers der Bodleian darf man sie betreten und einen flüchtigen Blick auf die hier aufbewahrten kostbaren Manuskripte und Bücher werfen. Die getäfelte Decke ist mit den Wappen der Universität geschmückt.

Die Bodleian ist eine *Copyright Library,* d.h., von jedem in Großbritannien erscheinenden Buch landet eine Kopie in dem auf über 8 Millionen angewachsenen Bücherbestand. Mittlerweile sind auf einer Länge von 128 km Bücher auf Regalen aneinandergereiht. Die meisten Werke lagern unterirdisch: unter den angrenzenden Colleges, dem Radcliffe Square und dem Sheldonian Theatre ⓬. Die Lesesäle befinden sich in den oberen Stockwerken, nur mit Leseausweis hat man Zutritt. Ausleihen kann man die Bücher nicht.

› Broad Street/Catte Street, Tel. 01865 277224, https://visit.bodleian.ox.ac.uk, Mo.–Fr. 9–17, Sa. 10–17, So. 11–17 Uhr (in den Trimesterferien kürzer), Eintritt Divinity School 2,50 £, Führungen Bodleian Library und Radcliffe Camera (auf Englisch, nach Voranmeldung) tgl. ab 10.30 Uhr, 10 £ (30 Min.), 15 £ (60 Min.) bzw. 20 £ (90 Min.), begrenzte Teilnehmerzahl, Mindestalter 12 Jahre

❿ Blackwell's ★★ [J10]

Als 1879 der Buchladen eröffnet wurde, fanden bestenfalls drei Kunden in ihm Platz. Heute zählt er zu den größten und bekanntesten der Welt und hat in Oxford mehrere Filialen. Der unterirdische Norrington Room ist nach einem Rektor des Trinity College benannt, unter den Gärten des College dehnt sich der Buchladen aus: 4 km laufende Regalfläche in einem 10.000 m² großen Raum! Der Kunde darf so lange in den Regalen stöbern, wie es ihm beliebt – kein Angestellter kommt, um ihn zu vertreiben.

› 48–51 Broad Street, https://blackwells.co.uk/bookshop/home, Mo.–Sa. 10–19, So. 11–17 Uhr

⓫ Clarendon Building ★ [J10]

Von der Broad Street hat man den schönsten Blick auf das Gebäude: Die streng klassizistische Fassade wird von riesigen, römisch-dorischen Säulen beherrscht, auf denen neun Musen thronen. Lord Clarendon, nach dem das Haus benannt ist, war der Verfasser der „History of the Great Rebellion", eines der meistverkauften Bücher im frühen 18. Jahrhundert. Die Oxford University Press konnte mit den Einnahmen aus dem Verkauf des Bestsellers den Bau des Gebäudes finanzieren. Bis zum Jahr 1831 nutzte sie es als Verlagshaus, heute befindet sich darin die Universitätsverwaltung.

⓬ Sheldonian Theatre ★★★ [J10]

Oxfords erstes klassizistisches Bauwerk besticht durch seine halbkreisförmige Gestalt und die streng symmetrisch gegliederte Fassade. Christopher Wren, der Architekt der Londoner St. Paul's Kathedrale, erbaute es 1668 nach dem Vorbild des Marcellus-Theaters in Rom. Das Sheldonian ist Theater und Konzertsaal, aber zugleich **Veranstaltungsort wichtiger universitärer Zeremonien.** Hier wird den in akademischen Roben gekleideten Studierenden nach erfolgreichem Abschluss das Diplom überreicht und hier findet auch **Encaenia,**

die farbenprächtige Verleihung der Ehrendoktorwürde, statt.

Zu den in Oxford ausgezeichneten Persönlichkeiten gehört der deutsche Komponist Josef Haydn. Am 8. Juli 1790 schrieb er einem Freund in Wien: „Ich fühlte mich schrecklich in meinem Gewand – und was das Schlimmste war, ich musste drei Tage lang durch die Straßen damit laufen ...“ Dennoch widmete er der Stadt eine Oxford-Sinfonie und zeigte dem Publikum so seine Dankbarkeit für die Verleihung des Titels.

Der Besuch des Sheldonian sollte mit einem Aufstieg zur achteckigen Kuppel verknüpft werden. Der Ausblick ist auch hier großartig: Wie Spielzeughäuser säumen im Westen Trinity ⓮ und Balliol College ⓯ die Broad Street, im Osten erkennt man die Seufzerbrücke ❽, im Süden die Türme der Bodleian ❾.

Die 17 efeuumrankten Köpfe auf dem halbrunden Zaun vor dem Sheldonian Theatre stellen keine Philosophen dar, sondern antike göttliche Grenzwächter. Sie sind Repliken verwitterter Originale aus den Jahren 1662–1669 und wurden 1970–1972 geschaffen. Bildhauer Michael Black hat dabei die Herausbildung der Bartmode illustriert: Seine Götter tragen barbarische, wild wuchernde Mähnen, aber auch fein gekämmte, elegant geschwungene Schnurrbärte.

› Broad Street, Tel. 01865 277299, www.sheldonian.ox.ac.uk/visit, Febr.–Nov. Mo.–Sa. 10–16.30 (Mai–Sept. auch sonntags), Dez./Jan. Mo.–Sa. 10–15 Uhr, Eintritt 4 £, im Rahmen einer Guided Tour 8 £, keine Barzahlung

⌃ *Das Sheldonian: Theater und Zeremoniensaal der Universität*

13 Museum of the History of Science ★★ [J10]

Das Gebäude neben dem Sheldonian Theatre wurde 1678–83 erbaut und ist das älteste noch vorhandene Museum der Welt. Ursprünglich war hier das Ashmolean Museum untergebracht, heute befindet sich in dem Gebäude eine bedeutende Sammlung von wissenschaftlichen Instrumenten, Sand- und Sonnenuhren, Fotoapparaten und Himmelsgloben.

Bewundernswert ist, mit welcher Akribie schon in der Neuzeit die Natur untersucht wurde. Die medizinische Abteilung im Untergeschoss zeigt eine künstliche Hand aus dem 16. Jh., Skalpelle sowie anatomische Modelle der Gesichtsnerven und anderer Körperpartien. Fotoapparate und Computer illustrieren den Siegeszug technischer Geräte in der Neuzeit. Als Kuriosität wird eine Tafel mit handschriftlichen Berechnungen Einsteins ausgestellt, die er während eines Sommeraufenthalts in Oxford machte.

› Broad Street, Tel. 01865 277280, https://hsm.ox.ac.uk, Di.–So. 12–17 Uhr, Eintritt frei

14 Trinity College ★★ [J9]

Wo heute das Trinity steht, befand sich früher das von Benediktinermönchen 1286 errichtete Durham College. Nachdem dieses den Säuberungen unter König Heinrich VIII. zum Opfer gefallen war, erteilte Königin Maria I. 1555 Sir Thomas Pope die Genehmigung zu einer College-Neugründung.

Sehenswert ist die hübsche Kapelle aus dem 17. Jahrhundert, aber auch der weitläufige Garten an der Nordostseite des College. Zum Westen ist Trinity durch eine Gebäudereihe begrenzt, die Christopher Wren 1680 entwarf. Dort wird auch der nach seinem Übertritt zum Katholizismus von Rom zum Kardinal ernannte John Henry Newman (1801–1890) mit einer Büste geehrt. Fantastisch ist der freie Blick nach Osten, wo man durch ein schmiedeeisernes Tor auf die Parks Road gelangt.

› Broad Street (Nordseite), www.trinity.ox.ac.uk, tgl. 10–17 Uhr, Eintritt 3 £

Broad Street – ländliche Rückseite des Balliol College

⓯ Balliol College ★ [I10]

Mit Balliol (1263), einem der ältesten Colleges der Stadt, assoziiert man fortschrittliches Denken. Das College brachte immer wieder Nonkonformisten hervor, z. B. den aufbegehrenden Bibelübersetzer John Wyclif, dem auf Drängen des Papstes 1381 die Lehrerlaubnis entzogen wurde. In den 1980er-Jahren wurde gar der marxistische Geschichtsprofessor Christopher Hill zum Rektor gewählt – nur am Wadham College ㉝ ist Ähnliches denkbar. Zum Balliol zieht es die sogenannten „Anti-Oxford-Studierenden“, die keine Lust haben, Latein zu lernen und sich für viel Geld akademische Roben zu kaufen. Eine Mehrheit von Studierenden und Dons (siehe Glossar) weigert sich standhaft, zum Abschluss des akademischen Jahres einen Sommerball abzuhalten. Am College lernen viele Arbeiterkinder, auch der Anteil studierender Frauen und Ausländer ist hoch.

Die Hochburg der Dissidenten hat aber auch den Ruf, akademisch ausgesprochen erfolgreich zu sein. Seit 1964, da die Prüfungsergebnisse aller Colleges im sogenannten *Norrington Table* miteinander verglichen werden, kann Balliol die höchste Zahl von First Class Honours vorweisen. Beste Noten erhielten auch die Schriftsteller Aldous Huxley (1894–1963), bekannt für seine Dystopie „Brave New World“, und Graham Greene (1904–91), der in seiner Autobiografie schrieb: „Fast kein Tag

044ox Abb.: gs

verging während des Trimesters, an dem ich nicht in betrunkenem Zustand zu Bett ging – und sobald ich aufwachte, fing ich erneut an zu trinken ... Nur einmal in der Woche musste ich nüchtern sein; dies war der Tag, da ich meinem Tutor den Essay vortrug." Greene kämpfte gegen den, wie er es nannte, „lebenslänglichen Krieg gegen die Langeweile", gab das Magazin „Oxford Outlook" heraus und war zeitweilig Mitglied der Kommunistischen Partei. Sein wichtigstes Werk wurde der mit Orson Welles in der Hauptrolle verfilmte Roman „The Third Man". John Schlesinger (1926–2003), Regisseur so bekannter Filme wie „Midnight Cowboy" und „Sunday Bloody Sunday" hat über „sein" College leider keinen Film gedreht ...

› Broad Street (Nordseite), tgl. 10–17 Uhr, www.balliol.ox.ac.uk, während des Trimesters Zutritt für Gruppen nur bis max. 8 Pers. Im Preis von 3 £ ist eine Führung enthalten.

16 Martyrs' Memorial ★ [I9]

Das „Märtyrerdenkmal" wurde 1841 von George Gilbert Scott entworfen und erinnert an das Schicksal dreier bekannter Protestanten. Die Bischöfe von London und Worcester, Nicholas Ridley und Hugh Latimer, sowie der Erzbischof von Canterbury, Thomas Cranmer, waren Anhänger der Reformation.

1554 wurde ihnen in der Universitätskirche der Prozess gemacht, doch sie waren nicht bereit, zum Katholizismus zu konvertieren. Ihre kompromisslose Haltung bezahlten sie mit ihrem Leben. Am Westende der Broad Street, wo heute ein Kreuz in den Asphalt eingelassen ist, wurden sie auf Geheiß Maria Tudors als Ketzer verbrannt.

17 St. Giles ★★ [I9]

Die breiteste Straße der Stadt, ein eleganter Boulevard mit vielen Bäumen, wird im Süden vom Märtyrerdenkmal, im Norden von einer kleinen Kirche begrenzt. Hinter den Fassaden der Häuser der Westseite verbirgt sich ein Sammelsurium christlicher Organisationen, u. a. Baptisten und Quäker, Dominikaner und Benediktiner.

Im **Taylorian Institute**, das sich zu Beginn von St. Giles auf der linken Seite befindet (www.bodleian.ox.ac.uk/taylor), werden moderne Sprachen gelehrt. Die vier weiblichen Symbolfiguren auf ionischen Säulen vor dem Institut repräsentieren England, Spanien, Frankreich und Deutschland. Leider sind die schönen Lesesäle mit Ausblick auf Prachtfassaden nur mit Leserausweis zugänglich.

18 St. John's College ★★★ [I9]

Wohlhabend, riesig und mit herrlichem Garten

Das reichste College der Stadt, dessen Entstehung bis auf das Jahr 1437 zurückgeht, erstreckt sich mit seinen mittlerweile acht Höfen fast über die gesamte Ostseite von St. Giles. Besonders schön ist der teilweise im Barockstil erbaute **Canterbury Quad** mit seinen überwölbten Loggias, verzierten Säulen und Skulpturen. Zudem sind die ausgedehnten Parkanlagen ein Vorzeigebeispiel englischer Gartenbaukunst.

Zu den berühmten Absolventen des College zählt der ehemalige Premierminister Tony Blair (1997–2007), der während seiner Studienzeit in der Rockband „Ugly Rumours" als Sänger auftrat. Gleichfalls am College stu-

113ox Abb.: gs

dierten die Schriftsteller Robert Graves (1895–1985), Philipp Larkin (1922–1985), Kingsley Amis (1922–1995) und John Wain (1925–1994). Einen aufschlussreichen Einblick ins Studierendenleben Oxfords nach dem Zweiten Weltkrieg verschafft die Lektüre von Wains Roman „Jill".

› St. Giles (Ostseite), www.sjc.ox.ac.uk, tgl. 13–17 Uhr, Eintritt frei

19 Ashmolean Museum ★★★ [I9]

Das British Museum en miniature

Nicht nur von außen erinnert das pompöse Gebäude an das British Museum in London: Wie dieses beherbergt es eine faszinierende Sammlung von Kunstwerken fast aller Stile und Epochen. Zu den ausgestellten Schätzen zählen Sarkophage und Skulpturen, Keramiken und Grabungsfunde aus Griechenland, Ägypten und dem Orient. Die Kunst- und Gemäldegalerie mit dem großartigen Print Room enthält Werke vom 16. bis zum 20. Jahrhundert. Dabei spannt sich der Bogen von Michelangelo und Raffael über Hogarth und Dürer bis zu Corot, Manet, Renoir und Utrillo. Allein Raffael ist mit über 60, Michelangelo mit über 50 Zeichnungen vertreten!

Königin Elisabeth II. (1926–2022) persönlich eröffnete 2009 das umgebaute und um mehrere Abteilungen erweiterte Ashmolean. Das vom Stararchitekten Rick Mather entworfene fünfstöckige Gebäude erlaubt es, die Museumssammlung zeitgemäß zu präsentieren. Die Exponate haben jetzt mehr Raum „zum Atmen", außerdem wurde ein modernes Education Centre geschaffen. Auch die Cast Gallery mit ihrer Sammlung von Repliken berühmter griechischer Kunstwerke (7.–1. Jh. v. Chr.) ist nun besser zugänglich. Die Skulpturen sind chro-

St. John's College 18 – Feudales Entree

Jean Paul Marats Ausflug nach Oxford

So begeistert war 1776 ein gewisser John Peter le Maitre von den Medaillen, Münzen und dem Schmuck des Ashmolean (damals noch aufbewahrt in der Broad Street), dass er sie kurzerhand stahl. Er wurde gefasst und zu fünf Jahren Zwangsarbeit auf einer Galeere verurteilt. Der Dieb war kein Geringerer als Jean Paul Marat, einige Jahre später gefeiert und gefürchtet als radikaler französischer Revolutionär!

nologisch angeordnet und vermitteln einen Einblick in die Entwicklung antiker Kunst: von noch statisch-monumentalen, von ägyptischer Bildhauerei beeinflussten Plastiken bis zu anmutigen und ausdrucksvollen Menschendarstellungen, die bereits psychologisches Interesse an den Porträtierten und präzises anatomisches Wissen verraten.

› Beaumont Street, www.ashmolean.org, tgl. 10–17 Uhr, Eintritt frei (Spenden erwünscht), kostenpflichtiger Audioguide und mehrmals wöchentlich Führungen (guided tours, teilweise kostenlos), oft auch Vorlesungen *(gallery talks)*, mit Café und „Rooftop Restaurant"

20 St. Michael's Church and Tower ★ [I10]

Am Nordende der Cornmarket Street, der Straße der vielen Fast-Food-Shops, ragt ein trutziger Turm empor. Er stammt aus der Zeit um 1040 und ist Oxfords ältestes Bauwerk: schlicht in der Form, aus rohem Stein und mit wenigen Fensteröffnungen als Dekoration. Einst markierte er den Nordausgang der Stadtmauer. Hier, an der Grenze zwischen Stadt und Land, befand sich ein Gefängnis für Schuldner und Prostituierte. Darin waren auch die protestantischen Bischöfe eingekerkert, bevor sie in der Broad Street verbrannt wurden (siehe Martyrs' Memorial 16).

Die zum Turm gehörige Kirche ist im *Domesday Book*, dem Reichsgrundbuch von 1086, erstmals erwähnt. Fenster mit Glasmalerei entdeckt man über dem Altar und in der Marienkapelle (15. Jh.).

› Cornmarket Street/Ship Street, www.smng.org.uk, April–Okt. Mo.–Sa. 10.30–17 Uhr, Nov.–März 10.30–16 Uhr, Kirche Eintritt frei, Turmbesteigung 3,50 £

21 Jesus College ★ [J10]

Die Turl Street [J10] verbindet die Broad mit der High Street und wird von gotisch gestalteten Colleges gesäumt. Den Auftakt macht das 1571 gegründete und vorwiegend von Studierenden aus Wales besuchte Jesus College. In der Kapelle des College befindet sich eine Büste des ehemaligen Jesus-Studierenden T. E. Lawrence (1888–1935), der während seiner archäologischen Studien in Syrien 1909 als Spion tätig wurde – auf Anregung eines Tutors, der Beziehungen zum Außenministerium unterhielt. Im Ersten Weltkrieg organisierte er im Auftrag des britischen Geheimdiensts den Aufstand der Araber gegen die Türken und wurde unter dem Namen „Lawrence of Arabia" als Kriegsheld gerühmt.

› Turl Street (Westseite), www.jesus.ox.ac.uk, tgl. 14–16.30 Uhr, Eintritt 3 £

22 Exeter College ★★ [J10]

In diesem College hatten bis vor Kurzem aufgrund der Gründungsstatuten Studierende aus Devon und Cornwall Vorrang. Die meisten Besucher zieht es in die neugotische Kapelle, wo ein Meisterwerk präraffaelitischer Kunst bewundert werden kann: ein **Wandteppich**, den William Morris (1834–1896) nach einem Bild von Edward Burne-Jones entwarf.

Ein schöner Platz zum Verweilen ist auch der Fellow's Garden an der Südostseite des College. Unter alten Kastanienbäumen genießt man – wie von einer Bühne herab – den Blick auf den Radcliffe Square [J10]. Der später als Filmschauspieler weltberühmt gewordene Richard Burton hat hier 1945 seine ersten Dramenrollen eingeübt. Exeters „jüngste" Berühmtheit ist Fantasyautor Philip Pullman (geb. 1946), dessen Roman „Northern Lights" 2007 unter dem Titel „The Golden Compass" verfilmt wurde.

› Turl Street (Ostseite), www.exeter.ox.ac.uk, tgl. 14–17 Uhr, Eintritt 3 €

Tolkien – Meister der Fantastik

Vor Ausbruch des Ersten Weltkriegs studierte J. R. R. Tolkien (1892–1973) englische Sprache und Literatur am Exeter College, begeisterte sich auch für andere Sprachen, für Mythologie und Fantastik. Fast sein ganzes Leben hat er in Oxford verbracht. 34 Jahre lehrte er an der Universität. 1937 erschien „The Hobbit", 1954 folgte „The Lord of the Rings": ein modernes Märchen über eine aus den Fugen geratene Welt. In den 1960er-Jahren, als sich Zivilisations- und Technologiekritik wachsender Popularität erfreuten, wurde der „Herr der Ringe" zum Kultbuch in aller Welt. Spätestens mit der Verfilmung durch Peter Jackson – eines der bislang aufwendigsten Filmprojekte – wurde die Geschichte zum festen Bestandteil der Populärkultur. Tolkien ist auf dem Friedhof von Wolvercote, einem Dorf vor den Toren Oxfords, beigesetzt.

23 Lincoln College ★ [J10]

Die Studierenden des Lincoln haben keinen so schönen Garten wie Exeter, dafür mit der *Deep Hall* jedoch einen der beliebtesten Bierkeller Oxfords. Im Sommer dürfen die Getränke im malerischen Grove Quad konsumiert werden. Die großartige College-Bibliothek befindet sich in den Räumen der ehemaligen Kirche All Saints von 1708.

Gegenüber der Kirche, im Turl Street Mitre (s. S. 114), werden in den Sommerferien Studierendenzimmer an Touristen vermietet. Schon seit 1671 dient das Haus als „Coaching Inn" (Gasthaus): Dreimal pro Woche kam eine Postkutsche vorbei, aus dem damaligen Stall wurde die heutige Turl Bar.

› Turl Street (Ostseite), www.lincoln.ox.ac.uk, Mo.–Fr. 14–17, Sa./So. 11–17 Uhr, Eintritt frei

24 Covered Market ★★★ [J10]

Im Reich der Sinne: viel fürs Auge und für den Gaumen

Der Besuch des „überdachten Markts", der seine Tore erstmals im Jahr 1772 öffnete, ist nicht nur an Regentagen ein Vergnügen. Im „Englischen Tagebuch" begeistert sich

Günter Kunert an seiner altertümlichen Konstruktion und preist die „käfigartigen Stände, nur nach vorne offen, vielfarbig und elektrisch beleuchtet."

Man kann den Covered Market von der High, der Market und der Cornmarket Street (via Passage Golden Cross) betreten. Der Reiz des Ortes besteht darin, dass hier auf engstem Raum unterschiedlichste Dinge bestaunt werden können: abgehangenes Fleisch, Wachteleier und Karpfen, Himbeeren und Melonen, exotische Teesorten und putzige Haustiere, irische Wollpullover nebst Lederwesten, Hüten und Koffern. Insgesamt sind in den Passagen über 50 Läden zu entdecken. Besucher fühlen sich an einen orientalischen Bazar erinnert, wo das Einkaufen auf seltsame Art mehr Spaß macht als in den modernen, hell erleuchteten Shopping-Zentren.

› Market Street, www.facebook.com/thecoveredmarketoxford, Mo.-Sa. 9-17.30 Uhr

Große Runde ab Christ Church

Diese Tour schlägt einen Bogen um die Innenstadt, stellt neben wichtigen Colleges auch stille und geheimnisvolle Gassen vor.

25 Christ Church ★★★ [J11]

Herrschaftliches College mit einer großartigen Kathedrale. Das College ist ein Synonym für Reichtum, Eleganz und Elite. Weil es sich seiner Besonderheit bewusst ist, besteht es darauf, nur „Christ Church" zu heißen, alternativ auch „The House".

Gegründet wurde es im Jahr 1525 von Kardinal Wolsey, Lordkanzler von König Henry VIII. Vom Papst ertrotzte er die Erlaubnis, das für die hei-

△ Hier hätte manch ein Studierender gern ein Zimmer – im Christ Church mit Blick auf die Meadows

lige Frideswide im 8. Jahrhundert geschaffene Kloster in eine Lehranstalt zu verwandeln, die alle bestehenden an Größe und Pracht überbieten sollte. Wolsey war ein Mann der Tat – bald schon waren mehrere Hundert Arbeiter im Einsatz, um das Mammutprojekt zu realisieren. Die westlichen Teile des Kirchenschiffs wurden eingerissen, Häuser des jüdischen Viertels an der Nordseite dem Erdboden gleichgemacht. Vier Jahre durfte Wolsey seinem Größenwahn huldigen, dann fiel er beim König in Ungnade. Doch zu diesem Zeitpunkt waren bereits weite Teile des Baus fertiggestellt, so die Süd- und Westfront des monumentalen Innenhofs (Great bzw. Tom Quad), die Küche und der Speisesaal. Was von der ursprünglichen Klosterkirche übrig geblieben war, wurde Grundstein der Christ Church Cathedral, die Henry VIII. 1546 in den Rang einer Kathedrale erhob.

Folgenreich war die Parteinahme von Christ Church für das Königshaus im englischen Bürgerkrieg (1642–1649). Das College gewährte Karl I. Zuflucht in den Uni-Gemächern, das königstreue Rumpfparlament tagte im Speisesaal. Fortan nahm das College verstärkt **Einfluss auf die britische Politik** und spielte eine wichtige Rolle beim Aufbau des Empire. Es besetzte hohe Posten geistlicher und weltlicher Macht, Bischöfe und Vizekönige des indischen Subkontinents kamen fast ausschließlich von Christ Church. Auch schickte kein College mehr Abgeordnete ins britische Unterhaus, 13 britische Premierminister wurden hier ausgebildet!

Der repräsentative **Haupteingang** befindet sich an der Tom Gate an der Straße St. Aldates. Er steht aber nur Besuchern offen, die zur Messe und zur Abendandacht in die Kathedrale wollen. (Der Eintritt zu den am Tor genannten Terminen ist frei.) Wer Christ Church als normaler Tourist besuchen will, hat den **Nebeneingang** zu benutzen: Die St. Aldates 100 m hinab, dann links durch ein schmiedeeisernes Tor in die War Memorial Gardens und nach 100 m wiederum links – man betritt Christ Church von seiner Südseite und wird sogleich zur Kasse gebeten. Anschließend geht es durch eine dunkle Passage in den mittelalterlichen Kreuzgang. Auf dem Weg zur Kathedrale passiert man das **Chapter House**, in dem sich einst zur Morgenstunde die Mönche trafen, um sich ein Kapitel *(chapter)* aus der Bibel vorzulesen. Heute ist hier der Silberschatz der Kathedrale untergebracht. Von brillanter Steinmetzarbeit zeugen die Fenstersäulen, das Deckengewölbe und die grotesken Köpfe, auf die sich die schlanken Säulen stützen. Die Fensterscheiben sind mit bunten Glasmalereien unbekannter Meister geschmückt, besonders hübsch anzuschauen sind die beiden Knaben im Ostfenster aus dem 17. Jh.

Die **Kathedrale**, in die man durch einen Seiteneingang gelangt, besteht aus einem Hauptschiff, zwei Nebenschiffen und seitwärts angebauten Kapellen. Das Hauptschiff wird von einer eleganten, bogenförmig ausstrahlenden Deckenkonstruktion beherrscht, die den Eindruck von Leichtigkeit und Weite vermittelt. In der Lady Chapel befindet sich ein schlichter Schrein, in dem Frideswide, die Schutzheilige der Stadt, beigesetzt ist. Er wird von einer Stein-Holz-Konstruktion überragt, wobei aus einem Versteck darüber gewacht wird, dass weder Pilger noch Touristen Teile des Heiligtums als Souvenir mitnehmen.

Früh übt sich, was Elite werden will

Einmal in der Woche wird für die Akademiker und ihre Gäste ein feierliches Dinner zelebriert: Zurschaustellung von Genussfreude und Beschwörung akademischen Traditionsbewusstseins. In einem Salon wird ein Aperitif serviert, dabei werden die Gäste den in Roben gehüllten Professoren vorgestellt. Derweil haben sich im Speisesaal die Studierenden versammelt. Bevor sie zum Löffel greifen dürfen, müssen sie das Defilee der Eminenzen über sich ergehen lassen: Würdevoll schreiten diese zum „High Table", dem erhöhten Tisch am Kopfende des Saals.

Mit einem Hammerschlag und einem lateinischen Gebet wird das Mahl eröffnet. Der Höflichkeitscode gebietet, dass jeder Tischgast dem linken wie dem rechten Tischnachbarn gleichermaßen Aufmerksamkeit schenkt. Nicht ratsam ist es, sich zu sehr in ein Gespräch zu vertiefen, denn sobald der Collegepräsident ein weiteres Mal zum Hammer greift, kommt der Butler mit dem dienstbeflissenen Personal und räumt geschwind alle Teller ab – und kümmert sich nicht darum, ob der leckere Lachs bereits verzehrt ist. Dieselbe Prozedur wiederholt sich nach dem zweiten und dritten Gang. Es folgen Süßigkeiten, Obst und Wein, zuletzt werden Zigarren gereicht. Ein merkwürdiges Ritual bereitet dem Mahl ein abruptes Ende: Sobald sich auch nur einer der Professoren erhebt und in den Salon zurückgeht, heißt es für die übrigen Anwesenden, seinem Beispiel unverzüglich zu folgen.

Die Skulpturen im südlichen Seitenschiff erinnern an die im Bürgerkrieg gefallenen Adeligen, auf der Nordseite entdeckt man die Büste des Philosophen Robert Burton.

Die Glasfenster stammen von bekannten präraffaelitischen Künstlern. An der Ostseite der Latin Chapel hat 1859 Edward Burne-Jones die Geschichte Frideswides im Stil mittelalterlicher Bildfolgen erzählt. Viele andere Fenster wurden um 1870 von William Morris ausgeführt.

Verlässt man die Kathedrale durch das Hauptportal, kommt man zum **Tom Quad**, einem nahezu quadratischen, 84 x 83 m großen Innenhof. Da er von keinem Kreuzgang umrahmt ist, wirkt er spartanisch-nackt und zugleich monumental. Einzig der Lilienbrunnen mit der Merkurstatue bringt ein verspieltes Moment in den sonst so strengen Aufbau des Hofs. An seiner Westseite hat Christopher Wren das Eingangstor um einen gotisch inspirierten achtseitigen Turm ergänzt (1682). Dieser beherbergt die größte und lauteste Glocke Oxfords, den **Great Tom.** Jeden Tag um 21.05 Uhr (Zeitverschiebung Oxford–Greenwich fünf Minuten, Christ Church hat eine „eigene Zeit") wird sie 101 Mal geschlagen. Denn um 21 Uhr, so befahl das Gesetz des College, hatten die 101 jungen Männer, die ursprünglich im Christ Church studierten, „daheim" zu sein. Unmittelbar nach dem Läuten wurde das Eingangstor geschlossen.

Über das prachtvolle Treppenhaus an der Südseite des Hofs kommt man in den berühmten **Speisesaal,** den größten von Oxford und Cambridge. Er wurde 1529 fertiggestellt und besticht durch ein geschnitztes Balkengewölbe und eine umlaufende Fensterfront mit Glasmalereien. Zur linken

Seite am Kopfende des Raums sind Erasmus und More, Kardinal Wolsey und der Earl of Surrey abgebildet; zur Rechten Burton, Locke, Aldrich und Fell. Die Wände der Halle zieren Porträts berühmter englischer Politiker, Wissenschaftler und Literaten: Heinrich VIII., Elizabeth I., Kardinal Wolsey, John Locke und Charles Dodgson.

Die berüchtigte Killcanon-Passage, die ihren Namen dem hier spürbaren beißend-kühlen Durchzug verdankt, führt vom Great Quad in den Blue Boar Quad. Dieser erlaubt einen Abstecher in die Welt der 1960er-Jahre, zeigt einfache Studierendenwohnungen mit großen, Licht spendenden Fenstern. Ostwärts gelangt man

Alice im Wunderland – Fantasie an die Macht!

Als Mathematikdozent am Christ Church ging Charles Dodgson alias Lewis Carroll (1832–98) einem in jener Zeit ausgefallenen Hobby nach: Er war leidenschaftlicher Fotograf. Auf besonders vielen Fotos wurde Alice, die Tochter des Rektors, verewigt. Mit ihr und ihren Schwestern unternahm der Dozent zahlreiche Bootsausflüge, picknickte auf der Christ Church Meadow und in den University Parks, vertrieb den jungen Mädchen mit amüsanten und skurrilen Geschichten die Zeit. „Let's pretend" („Stellen wir uns vor") – sobald Alice diese Worte in den Mund nahm, wusste Charles, dass sie von ihm in die Märchenwelt entführt werden wollte. Niemand, davon war sie überzeugt, konnte so schöne Geschichten erzählen wie er.

Alice war zehn Jahre alt, als sie ihn überredete, einige dieser Prosastücke für sie aufzuschreiben. Und so lernt, wer „Alice im Wunderland" liest, die bunte Schar ihrer Freunde und Feinde kennen. Wir begegnen einer bösartigen roten Königin, die sich darin gefällt, ständig „Rübe ab!" zu rufen, einem hektischen Hasen mit davongaloppierender Uhr, einem tollpatschigen Vogel namens Dodo, einer grinsenden Katze und zitternden Pflanzen. Aus dem Garten des Worcester College ist der Tränensee bekannt, aus dem Besuch des Magdalen College das Rudel von Rehen. Und natürlich spielen in den Erzählungen auch die Süßigkeiten eine Rolle, die sich Alice im Laden gegenüber so gern kaufte.

Zwar ist Alice eine Märchengestalt, doch gelingt es ihr, aus dem Märchen zu erwachen. Kindheit und Traum, Revolte und Sprachspiel: Mit „Alice" eroberte sich Carroll einen sicheren Platz in der Ahnengalerie der Surrealisten. In seiner „Anthologie des Schwarzen Humors" (1939) widmete André Breton dem Mathematikdozenten ein ganzes Kapitel, Max Ernst illustrierte zahlreiche Carroll-Bände und René Magritte betitelte 1946 eines seiner Bilder „Alice im Wunderland".

Die Surrealisten liebten die verkehrte Logik, den von Carroll entfalteten Widersinn. Unglaubliches stieß seiner Heldin zu, doch schritt es daher im Gewand der Selbstverständlichkeit. Alice schien zu fragen: Was ist von dieser Realität zu halten? Die Antwort, so die Surrealisten, konnte nur lauten: Machen wir ihr den Prozess! Diese Interpretation ist so abwegig nicht, denn das Buch ermuntert dazu, alle Fesseln abzustreifen, die der Fantasie in unserer Welt auferlegt sind, „Alice im Wunderland" ist ein Buch für Kinder – aber auch für Erwachsene, die von Befreiung noch träumen.

in den im 18. Jahrhundert erbauten Peckwater Quad (mit Bibliothek), von dem seinerseits der Canterbury Quad abzweigt. Dort befindet sich der Eingang zur Christ Church Picture Gallery 26 (Zugang auch über den Oriel Square, s. u.). Durch einen imposanten Torbogen verlässt man den Hof. Geradeaus geht es zum Merton College 29, rechts zur Christ Church Meadow 47.

› Christ Church, Tel. 01865 276150, www.chch.ox.ac.uk/plan-your-visit/tickets, meist Mo.–Sa. 10–17, So. 14–17 Uhr, Zugang bis 15.45 Uhr, Eintritt (self-guided multimedia tour) 16 £, geführte Touren 10 £ (30 Min.) bzw. 20 £ (eine Stunde). Die Tickets werden jeweils Fr. ab 9 Uhr für die Folgewoche freigegeben. Es empfiehlt sich, sie im Voraus online zu erwerben. Restkarten gibt es im Visitor Center.

26 Christ Church Picture Gallery ★★★ [J11]

Die schönste Galerie Oxfords

Christ Church hatte reiche Spender: Über 2000 wertvolle Bilder und Zeichnungen sowie mehr als 300 Gemälde befinden sich in seinem Besitz, darunter Werke von Leonardo da Vinci, Raffael, Tintoretto, Michelangelo und Van Dyck. Die Räumlichkeiten lassen es nicht zu, dass alle Kostbarkeiten gleichzeitig gezeigt werden, darum wird alle 2 bis 3 Monate eine neue Auswahl vorgestellt.

Zur schönsten Galerie Oxfords mit einer Sammlung künstlerischer Meisterwerke gelangt man über den Oriel Square (erreichbar über die von der High Street abzweigende King Edward Street) – oder man wählt den Eingang von Christ Church College, besucht erst das College und am Ende die Galerie (getrennte Kassen).

› Canterbury Gate/Oriel Square, www.chch.ox.ac.uk, Tel. 01865 276172, Mo. und Do.–Sa. 11–17 Uhr, So. 14–17 Uhr, Eintritt 6 £ bzw. 3 £ bei Vorlage eines Tickets für Christ Church 25, Tour Do. 14.30 Uhr (im Ticketpreis inkl.)

27 Oriel College ★★ [J10]

Das 1324 gegründete College hat einen schönen vorderen Hof, einen Speisesaal mit wunderbarer Eichendecke und eine sehenswerte Kapelle.

In den 1830er-Jahren war Oriel geistiges Zentrum des Oxford Movement: John Keble studierte hier und versuchte gemeinsam mit John Newman, den Einfluss der Anglikanischen Kirche in Richtung Rom zurückzudrängen. Heute verdankt Oriel seine Bekanntheit vor allem den Erfolgen beim Rudern – und leider auch dem Umstand, dass sich die hiesigen Studierenden länger als die anderer Colleges dagegen sträubten, Frauen zuzulassen.

Oriel ist auf viele seiner Alumni stolz. Einer von ihnen war Thomas More (1478–1535), Verfasser des Romans „Utopia“ (1516). Der von ihm skizzierte Idealstaat war ein Gegenbild der sozialen Verhältnisse Englands, wie sie im ersten Teil des Buches – fiktiv eingekleidet – dargelegt sind. Nach dem Sturz Wolseys wurde More Lordkanzler Heinrichs VIII. Als der Orelianer sich aber weigerte, den König als Oberhaupt der Kirche anzuerkennen, wurde er hingerichtet. 400 Jahre später sprach ihn die katholische Kirche heilig.

Ein zweiter bekannter Schüler ist der Dichter und Literaturkritiker Matthew Arnold (1822–1888), der Oxford als ein Refugium verlorener Träume besang. Gern werden seine Verse zitiert, wenn es darum geht, die Schönheit der Stadt herauszustellen.

› Oriel Square (Ostseite), www.oriel.ox.ac.uk, tgl. 14–16 Uhr, Eintritt 2 £

28 Corpus Christi College ★ [J10]

Das kleine College wurde 1517 von Richard Fox gegründet, dem Bischof von Winchester. Durch den schönen Eingang gelangt man zum Innenhof (Main Quad) mit Sonnenuhr. Der goldene Pelikan, der die Säule in der Mitte des Hofs verziert, symbolisiert *Corpus Christi,* den Leib Christi. Ein Gemälde in der Kapelle wird Rubens zugeschrieben, der Garten des College lockt mit einem Wildwuchs aus Zier- und Nutzpflanzen.

› Merton Street (Südseite), tgl. 13.30–16.30 Uhr, www.ccc.ox.ac.uk, Eintritt frei

Traumschloss Corpus Christi 28

29 Merton College ★★★ [K10]

Schön und mächtig – Studierende preisen es als „luxuriöses Landhotel".

Das College ist eines der ältesten in Oxford und wurde 1264 vom Bischof von Rochester gegründet. Die mittelalterlichen Gebäude erstrecken sich von der kopfsteingepflasterten Merton Street bis zur alten Stadtmauer, die das College festungsartig umgrenzt.

Durch das Eingangstor mit geheimnisvollem Relief erreicht man den **Front Quad,** der mit seinen vielen Ein- und Ausgängen das Gefühl von Geschäftigkeit weckt. Rechter Hand ragt das riesige Fenster der Kapelle auf, seitwärts sind bizarre Gargoyles versteckt. An der Südseite befindet sich der Eingang zum Speisesaal: Ist die mit Eisenornamenten verzierte Tür geöffnet, erblickt man einen holzgetäfelten kleinen Saal mit Porträts der Collegerektoren.

Links führt eine Passage zum **Mob Quad**, dem ältesten Innenhof Oxfords mit großartiger Bibliothek (1371–78). Im Erdgeschoss findet man jüngere Publikationen, im Obergeschoss bibliophile Schätze, darunter die erste gebundene Bibel in walisischer Sprache.

An der Westseite des Mob Quad führt ein Durchgang in den benachbarten Garten. Rechts geht es zur architektonisch grandiosen **Kapelle** (1294–97). Vier hoch aufschießende, spitz zulaufende Bögen markieren ihr Zentrum. Der Grundriss in T-Form wurde zum Vorbild für viele weitere Collegekirchen. Das feine Maßwerk im Ostfenster stammt aus der ersten Bauphase, das Lesepult aus Messing wurde im 15. Jh. angefertigt.

Ein Gartenpfad führt zur alten Stadtmauer. Hält man sich dort links (nicht immer zugänglich), kommt man in den im 17. Jh. erbauten Fellows Quad. Die nördliche Hofseite wird von einem Torbogen unterbrochen, sein Deckengewölbe ist mit gemeißelten Tierkreiszeichen geschmückt. Im östlich angrenzenden Fellow's Garden wachsen Ahorn, Lavendelsträucher und Rosen. Von der alten Stadtmauer blickt man über die Christ Church Meadow 47 zur Themse hinab.

Merton gilt als **konservativ und konform**, weshalb es vom britischen Geheimdienst gern zur Erfüllung besonderer Aufgaben auserwählt wird. Dabei fließen oft sechsstellige Summen in diverse Forschungsprojekte.

Der amerikanische Autor **T. S. Eliot** (1888–1965), der bei Ausbruch des Ersten Weltkriegs von Marburg nach Oxford wechselte, fand für Merton keine anerkennenden Worte. Er empfand die Atmosphäre im College als bedrückend und vermisste die Präsenz von Frauen. 1925 lehnte das All Souls College seine Mitgliedschaft ab. Missbilligt wurde die Veröffentlichung von „The Waste Land", Eliots eindrucksvollem Abgesang auf die moderne Welt. Als die Lloyds Bank den Autor fragte, ob er für sie arbeiten wolle, nahm er das Angebot ohne zu zögern an. Postume Popularität erlangte er durch das Musical *Cats* (1981), das auf einem 1939 von ihm verfassten Katzenbuch basiert.

Auch **Theodor W. Adorno** (1903–1969), der 1934 nach Oxford emigrierte, war im Merton fehl am Platz. Die positivistische Denktradition, die hier vorherrschte, vertrug sich nicht mit einer kritischen, auf marxistischer Dialektik beruhenden Theorie der Ge-

049ox Abb.: gs

Eingang des Merton College

sellschaft. Adorno fand es absurd, seine Arbeit „auf ein Kinderniveau“ zurückschrauben zu müssen, „um verständlich zu bleiben“ und ging 1938 nach New York, wo er dem Institut für Sozialforschung beitrat.

› Merton Street, www.merton.ox.ac.uk, Mo.-Fr. 14-17, Sa. 10-17, So. 12-17 Uhr, Eintritt 3 £

30 University College ★ [J10]

Das College wurde schon 1249 gegründet, doch alle Gebäude entstanden im 17. Jahrhundert neu. Leider ist am Eingang fast immer das Schild *Closed to visitors* postiert. Sollte es gelingen, den Porter zu überlisten und doch hineinzukommen, lohnt vor allem der Besuch der Kapelle mit ihren Buntglasfenstern des niederländischen Künstlers Abraham van Linge.

In der „Prominentengalerie“ hängt ein von Ronald B. Kitaj gemaltes Porträt des früheren Präsidenten der USA **Bill Clinton** (Jg. 1946). Er kam 1968 als Rhodes-Stipendiat ans College, debattierte viel in der Union, demonstrierte gegen den Vietnamkrieg und rauchte Marihuana – freilich „ohne zu inhalieren“, wie er später betonte. Nachdem er sich ausgetobt hatte, betrieb er zielstrebig seinen Aufstieg in die politische Elite. Mithilfe der „Oxford Mafia“, wie der Lokalbiograf John Dougill schreibt, wurde er 1993 zum Präsidenten der USA gewählt. 2001 kam er mit Tochter Chelsea nach Oxford zurück und zeigte ihr den Ort, dem er so vieles verdankte. Chelsea blieb und erlangte einen Masters Degree im Fach „Internationale Beziehungen“.

Von Trinidad kam **Vidiadhar S. Naipaul** (Jg. 1932) nach Oxford, der sich hier gar nicht wohl fühlte. Er hatte wenig Kontakt mit den Kommilitonen und beklagte, dass Poesie hier analysiert werde, bis sie jeder Gefühlskraft beraubt sei. Einmal, so wird erzählt, dichtete er Fenster und Türen ab und drehte den Gashahn auf – das Leben sollte ein Ende haben. Doch in seiner Not hatte er ein Detail übersehen: Die englische Heizung funktionierte damals nur, wenn man alle paar Minuten Schillingstücke nachwarf – von denen aber hatte er nicht genug ... Im Jahr 2001 erhielt Naipaul überraschend den Literaturnobelpreis. In seinen Romanen analysiert er die Mechanismen kolonialer Unterdrückung und zeigt auf, wie sie in den „befreiten“, unabhängig gewordenen Staaten nachwirken.

› High Street, www.univ.ox.ac.uk, in den Trimesterferien tgl. 9-17 Uhr, Eintritt 2 £

31 Queen's College ★ [K10]

Das 1340 gegründete College ist auf zusätzliche Einnahmen nicht angewiesen, nur an ausgewählten Tagen und im Rahmen einer Führung des Information Centre kann man es besuchen. Hier erhielt der Schriftsteller Thomas Hardy 1922 die Ehrendoktorwürde. So wurde auch ihm, der in seinem Roman „Jude the Obscure“ (1895) den elitären Charakter der Universität so bitter kritisiert hatte, die verdiente Anerkennung – mit großer Verspätung – zuteil.

› High Street/Queens Lane, www.queens.ox.ac.uk

Freien Zutritt hat man nebenan: Die **St. Edmund Hall** lockt mit einem romantischen Innenhof, die kleine Kirche wird als Bibliothek genutzt. Die geistliche Lehranstalt wurde erst 1957 als College anerkannt.

› Queens Lane, www.seh.ox.ac.uk, tgl. 10-16 Uhr, Eintritt frei

32 New College ★★★ [K10]

Alles andere als „neu“: altehrwürdige Mauern und dazu ein paradiesischer Garten, der im Sommer die Kulisse für Shakespeare-Stücke abgibt

Der Haupteingang liegt an der Holywell Street, spannender jedoch ist der Zugang über die „dunkle Schlucht“ der New College Lane. Diese verbindet die von der High Street abgehende Queens Lane mit der „Seufzerbrücke“ 8 (Bridge of Sighs). Hohe Mauern zu beiden Seiten vermitteln in der New College Lane das Gefühl, eingeschlossen zu sein. Die Gasse, schreibt der Schriftsteller Günter Kunert, „besteht zu beiden Seiten aus fensterlosen geschwärzten Mauern, dahinter von den Gebäuden nur Dächer, Türme, Erker, Firste, Wetterfahnen, gebrannter oder steingemetzter Zierrat sichtbar sind. Geräusche erreichen uns gedämpft, Motoren werden unhörbar.“

Neu, wie der Name behauptet, war das College nur im Jahr seiner Gründung 1379. Der mächtige William of Wykeham, Bischof von Winchester, hatte seinen Reichtum für den Bau eines College zur Verfügung gestellt, auf dass die durch den Hundertjährigen Krieg und die Pest dezimierte Elite mit neuen Staats- und Kirchenmännern versorgt werde. Bis 1854 durfte hier nur studieren, wer zuvor eine von Wykeham gegründete Privatschule, das Winchester College, besucht hatte. Dessen Leitspruch lautete *Manners makyth man* (frei übersetzt: „Gutes Benehmen unterscheidet den Menschen vom Affen“).

Über dem Eingangstor in der New College Lane prangt das Bildnis des Gründers: Der Lordkanzler kniet zur

Blick auf das New College

Rechten der Jungfrau Maria. Hinter dem Portal öffnet sich der **Front Quad** aus dem 14. Jahrhundert, von dem Passagen in benachbarte Anlagen abzweigen. Im Nordwesten führt ein dunkler Weg in den abgeschiedenen **Cloister Quad** mit einem romantischen, mit Holzdecke verzierten Kreuzgang aus dem 14. Jahrhundert. In den Boden eingelassene Grabsteinplatten erinnern an berühmte Collegemitglieder. Studiert hat hier z. B. der spätere Nobelpreisträger für Literatur John Galsworthy (1867–1933), der eigentlich Jura studieren sollte, sich aber zum Leidwesen seines Vaters mehr für Literatur und Pferderennen begeisterte.

Gleichfalls im Kreuzgang verewigt ist der strenggläubige **Reverend Spooner** (1844–1930). Er war zu Beginn des 20. Jahrhunderts Rektor des College. Bekannt wurde er aufgrund seiner kleinen Versprecher, der sogenannten Spoonerisms. Durch das Vertauschen der Anfangsbuchstaben von Wörtern innerhalb eines Satzes kamen so wundersame Sätze zustande wie *Which of us has not felt in his heart a half-warmed fish? (anstatt a half-formed wish)* oder *Sir, you have tasted a whole worm. You have hissed my mystery lectures. You were caught fighting a liar in the quad!* (anstatt *Sir, you have wasted a whole term. You have missed my history lectures. Your were caught lighting a fire in the quad!)* Im Fernsehen deklamierte Monty Python ein „Port Shoem“ des Speverend Rooner.

In der Passage, die zum ersten Hof zurückführt, befindet sich links der Eingang zur großen, im gotischen Stil erbauten **Kapelle.** Beim Betreten der Vorhalle *(Antechapel)* wird der Blick von einer modernen Skulptur gefesselt: Der totgesagte Lazarus befreit sich aus einem mumienähnlichen Gewand (Bildhauer: Jacob Epstein, 1951). Der sowjetische Präsident Nikita Chruschtschow, wird berichtet, schaute das Bild lange an und konnte in der folgenden Nacht (es war der 21. April 1956) nicht mehr schlafen.

Die farbigen Glasfenster der Kapelle stammen vorwiegend aus dem 14. Jh., das an der Westseite entwarf Joshua Reynolds 1777. Mit bizarren Figuren ist das Chorgestühl geschmückt, etwas versteckt sieht man ein Bild von El Greco; hinter dem Altar prangt ein Steinrelief. Lange umstritten war die Gedenktafel für drei deutsche Cecil-Rhodes-Stipendiaten, die im Ersten Weltkrieg gefallen sind.

Die steile Treppenflucht im Nordosten des Great Quad führt zum **Speisesaal** mit dunkel getäfelten Wänden und Kandelaberlüstern. Rechts neben der Treppe geht es unter einem Torbogen zum Garden Quad (1707), der sich zum wunderbaren **Collegepark** 🦋 öffnet. Blumen ranken sich an der alten Stadtmauer, alte Kastanienbäume säumen die Gartenecken. Vorbei an einem Hügel gelangt man in einen abgeschiedenen Teil des Parks, wo Studierende im Sommer Stücke von Shakespeare aufführen. Der amerikanische Schriftsteller Nathaniel Hawthorne (1804–64) kam als Tourist nach Oxford und war von den Gärten angetan: „Solch liebliche, ruhige, heilige Abgeschiedenheit“, schrieb er, „findet sich nirgendwo sonst auf der Welt.“

Nördlich des Garden Quad führt ein Weg zu neugotischen Gebäuden aus dem 19. Jh., wo sich der Ausgang zur Hollywell Street befindet. Links geht es zum Stadtzentrum.

› New College Lane (Besuchereingang), www.new.ox.ac.uk, tgl. 14–18 Uhr, Eintritt 8 £

33 Wadham College ★★ [J9]

Ein Holzportal führt in das 1610 gegründete, jüngst um ultramoderne Bauten ergänzte College. Hier haben der Stararchitekt Sir Christopher Wren und auch die Filmregisseure Tony Richardson und Lindsey Andersen studiert. Beneidenswert, wer seine Nachmittage im **Fellow's Garden** verbringen kann! Er ist erreichbar über eine Passage an der Nordostseite des Front Quad. In den Sommermonaten werden hier Shakespeare-Stücke aufgeführt. Gespielt wird unter einer 200 Jahre alten Buche, das Publikum nimmt auf einer Holzbühne Platz.

Eine im Südteil des Gartens versteckte Statue stellt Sir Maurice Bowra dar, den Collegedirektor der Jahre 1938–1970, um den sich viele Anekdoten ranken. Eines Tages etwa, so erzählt man jedenfalls, lag er zusammen mit anderen Professoren und Tutoren am Parson's Pleasure, jenem geschützten, nur für Männer reservierten FKK-Abschnitt der University Parks 37. Ein Boot mit jungen Frauen verirrte sich und trieb ab in das Männerrefugium – große Aufregung war die Folge. Hastig waren die Gelehrten bemüht, mit Handtüchern zu verdecken, was ihnen als das Wichtigste erschien. Nur einer, der besagte Maurice Bowra, verhüllte seinen Kopf. Als er später nach dem Grund für diese seltsame Reaktion gefragt wurde, antwortete er: „Ich weiß nicht, wie es bei Ihnen ist, doch was mich betrifft, so weiß ich, dass man mich am Gesicht erkennt."

› Parks Road (Ostseite), 13–16.15, in den Trimesterferien auch 10.30–11.45 Uhr, www.wadham.ox.ac.uk, Eintritt frei

MEIN TIPP

King's Arms

Der traditionsreiche Pub (s. S. 67) im Zentrum der „Gelehrtenrepublik" ist von früh bis spät ein beliebter Studierenden-Treffpunkt – und dies seit vielen Generationen! Zur Wahl stehen Räume mit unterschiedlichen Einrichtungen, mal intim mit Kamin, mal gesellig mit Bar, mal mit großen Holztischen. Ein Kuriosum: Das bestellte Essen (große Auswahl!) wird über Lautsprecher ausgerufen.

34 University Museum of Natural History ★★★ [J9]

Eine Kathedrale der Naturwissenschaften mit originalen, haushohen Skeletten von Dinosauriern

Das neugotische Gebäude mit großem Glasdach stammt aus viktorianischer Zeit (1855–1860) und widmet sich der Naturgeschichte. Liebhaber von Geologie und Mineralogie kommen hier voll auf ihre Kosten. Die ausgestellten Originalskelette von Dinosauriern sind so riesig, dass die Halle gleich einer Kathedrale mit hoch aufschießenden Säulen erbaut werden musste. Unter den ausgestopften Tieren befindet sich ein Exemplar von Seltenheitswert, der Dodo, Quelle der Inspiration für „Alice im Wunderland". Beheimatet war er auf der Insel Mauritius, ein großer, gutmütiger Vogel, der von zu vielen Menschen verspeist und von zu vielen (eingeschleppten) Ratten verfolgt wurde – 1681 ward er ein letztes Mal gesehen. In der englischen Sprache hat sich Dodo einen festen Platz gesichert: *dead as a dodo* bedeutet „völlig ausgestorben".

› Parks Road, www.oumnh.ox.ac.uk, Tel. 01865 272950, tgl. 10–17 Uhr, Eintritt frei

35 Pitt Rivers Museum ★★★ [J9]

Kuriositäten- und Gruselkabinett, die Sammlerstücke stammen von allen fünf Kontinenten

Pitt Rivers war ein General, der seine weltweiten Auslandseinsätze für das Sammeln von Kuriositäten nutzte. Über 10.000 Objekte übergab er 1884 der Universität, durch Schenkungen und Käufe wuchs die Kollektion auf über 50.000 an. Ein riesiger Totempfahl, Opiumpfeifen und Schrumpfköpfe, Masken für Rituale: Dies sind nur wenige Beispiele einer einzigartigen exotischen Sammlung, die man unbedingt anschauen sollte. „Pitt Rivers“, so Arno Widmann einst in der Frankfurter Rundschau, „ist eines der interessantesten Museen der Welt“, doch es sei nicht geeignet für „von der modernen Museumsdidaktik verdorbene Besucher“. Denn wer geleitet sein möchte, wird enttäuscht – es gibt keinen systematischen, keinen „richtigen“ Weg. „Die Ausstellung ist ein Dschungel, und ich bin ein Entdecker, der ihn ohne Karte und Kompass durchkreuzt.“

› Parks Road/South Parks Road, Tel. 01865 270927, www.prm.ox.ac.uk, Mo. 12–16.30, Di.–So. 10–16.30 Uhr, Eintritt frei

36 Keble College ★★ [I8]

Das College wurde 1868 für Gläubige der Anglikanischen Kirche gegründet. Nachdem Architekt William Butterfield entschieden hatte, für das viktorianische Gebäude Backstein zu verwenden, ging ein Aufschrei durch das akademische Oxford. Doch der Plan wurde ungeachtet aller Proteste realisiert – und die heutigen Studierenden scheint's nicht zu stören.

Im Sommer können sie sich an den windgeschützten Hängen des Liddon Quad wunderbar sonnen. Besonders sehenswert ist zudem das Gemälde „The Light of the World“, ein künstlerisches Meisterwerk des Präraffaeliten Holman Hunt. Man findet es in der Liddon Memorial Chapel.

› Parks Road (Westseite), www.keble.ox.ac.uk, tgl. 14–17 Uhr, Eintritt frei

37 University Parks ★★★ [J8]

Die Parks sind eine Augenweide: gepflegte Rasenflächen, japanische Kirschbäume, Rosskastanien und Exoten aus aller Welt.

Der Haupteingang befindet sich an der Parks Road gegenüber vom Keble College. Im Nordosten ist ein hübscher Lilienteich angelegt, ein wunderbarer Weg führt von dort südostwärts am Fluss Cherwell entlang. Auf diesem Weg stößt man auf die Rainbow Bridge, die den Dichter John Betjeman an die luftig-anmutigen Brücken auf japanischen Drucken erinnerte.

Am Südostende des Parks geht es links auf einen Weg, der einen Seitenarm des Cherwell kreuzt. Versteckt hinter Bäumen und Büschen liegt links **Parson's Pleasure** (Pfarrers Lust), die legendäre Nacktbadestelle für Männer. Über eine lang gestreckte Insel zwischen zwei Flussarmen des Cherwell könnte man bis zum Magdalen College 44 weiterlaufen.

MEIN TIPP

Tolkien Bench

Wie wär's mit einem Nickerchen auf der **Tolkien-Bank** in den University Parks 37 südlich der **High Bridge** [K7]? Sie ist dank einer Plakette leicht zu erkennen.

115ox Abb.: gs

Meist ist dies aber nur während der Vorlesungszeit möglich. In den Ferien ist die Eingangstür zum „Addison's Walk" genannten Weg in der Regel verschlossen – und kein Studierender, der sie öffnen könnte, in Sicht ...

38 Little Clarendon Street ★ [I9]

Lange Zeit wurde sie *Little Trendy Street* genannt, galt sie doch als attraktive **Einkaufs- und Gastromeile**. Inzwischen ist es etwas stiller um sie geworden, doch noch immer findet man hier Kunsthandwerksläden und Boutiquen, Cafés und Restaurants mit originellem Ambiente. An ihrem Ostende befindet sich das *Admission Information Centre*, die Zulassungszentrale der Universität Oxford (www.ox.ac.uk/admissions, Mo.–Fr. 9–17 Uhr).

Im Westen mündet die Little Clarendon in die Walton Street, in der sich u.a. ein Kino und Ethno-Lokale befinden. Die Little Clarendon gehört zum studentisch und künstlerisch geprägten **Stadtviertel Jericho** (s. S. 94), das über die Walton Well Road mit der Flusslandschaft Port Meadow 50 verbunden ist.

39 Oxford University Press (OUP) ★ [H9]

Obwohl sie Konkurrenz durch die schräg gegenüber erbaute **Blavatnik School of Government**, ein modernes 50-Mio.-£-Prachtwerk der Architekten Herzog & de Meuron, bekommen hat, gilt die **OUP** zumindest den Traditionalisten weiterhin als der schönste Bau der Walton Street: Das Eingangsportal gleicht einem Triumphbogen, stolz prangt darüber der Name eines der ältesten und größten Verlagshäuser der Welt. Bis 2021 wurden hier alle Bücher der OUP gedruckt, heute kann man die alten Druckmaschinen nur noch (nach tel. Voranmeldung) im Museum betrachten.

› Walton Street, Tel. 01865 353527, Mo.–Fr. 10–16 Uhr

Oxford English Dictionary

Nach jahrzehntelanger Vorarbeit veröffentlichte die Oxford University Press 1928 das größte Wörterbuch der englischen Sprache. Darin sind auf 21.728 Seiten eine halbe Million Wörter der englischen Sprache erfasst, in allen ihren Aspekten beleuchtet und historisch hergeleitet. Eine zweite, vollständig überarbeitete Auflage erschien 1989, „ein gigantisches Porträt der englischen Sprache“ (Anthony Burgess). Das OED gilt für die gesamte englischsprachige Welt, von England bis Amerika und Südafrika, von Australien und Neuseeland bis in die Karibik. Das Online-Update des OED (www.oed.com) zeigt die neuesten Einträge!

40 Worcester College ★★ [H9]

Vom Hof des 1714 gegründeten College gelangt man durch eine dunkle Passage in einen Park mit alten Bäumen (inklusive vieler Eichhörnchen!) und einem künstlich angelegten, serpentinenförmigen See. Hier, am „Tränensee“, fütterte Alice die geliebten Enten und Schwäne, und weil es für sie der schönste Garten war, „den sie je gesehen hatte“, wurde „Alice im Wunderland“ hier – eigens für die historische Alice – uraufgeführt. Ein Konferenzzentrum an der Nordseite des Parks, das **Sultan Sazrin Shah Centre**, gewann 2018 den RIBA National Award des Royal Institute of British Architects, laut Jury „a thing of pure joy“.

› 1 Walton Street (Ecke Beaumont), www.worc.ox.ac.uk, tgl. 14–16 Uhr, Eintritt nach Anfrage an der Porter's Lodge

41 Gloucester Green ★ [I10]

Der Viehmarkt, der einst auf offener grüner Wiese abgehalten wurde, ist heute zweigeteilt: An der Westseite von Gloucester Green befindet sich der kleine **Busbahnhof** (s. S. 117), auf dem es auf mysteriöse Weise gelingt, den gesamten Überlandverkehr abzuwickeln.

An der Ostseite befindet sich Oxfords größter öffentlicher Platz, umschlossen von backsteinernen Gebäuden, die viktorianischer Zeit entnommen scheinen, doch erst 1990 erbaut wurden. Er ist von Cafés und kleinen Läden gesäumt, für Stimmung sorgen im Sommer Straßenmusiker. Am meisten los ist Mittwoch- und Donnerstagvormittag, wenn der Markt stattfindet.

42 Oxford Castle ★★★ [I10]

Eines der ältesten Gebäude der Stadt ist die im Jahr 1071 von Robert d'Oilly in Auftrag gegebene Burg. 1142 wurde hier Königin Matilda für drei Monate festgehalten, bevor es ihr gelang, über die gefrorene Themse zu fliehen. Wie es heißt, war sie in ein weißes Gewand gehüllt, und da die Farbe der Kleidung mit dem Weiß des Schnees verschmolz, konnte sie ihren Verfolgern unentdeckt entkommen. Ab 1166 wurde die Burg offiziell als Gefängnis genutzt und erst 1996 wurden die letzten Zellen geschlossen (s. S. 77).

Im Rahmen einer geführten Tour („Oxford Castle Unlocked“) lernt man den Schuldnerturm und das

Die hochmoderne Blavatnik School of Government (s. S. 40)

Ruskin College – Oxfords Kuckucksei

Das dunkle, nach dem Kunstkritiker John Ruskin benannte Gebäude an der Ecke Walton Street/Worcester Place [H9] entstand im Jahr 1899 als Ruskin Hall, um jungen Arbeitern die Weiterbildung zu ermöglichen. Die Universität war empört: Warum sollten Arbeiter, die doch mit Händen und nicht mit dem Kopf arbeiteten, in den Genuss einer akademischen Ausbildung kommen? Und warum sollten ausgerechnet jene, die ganz unten standen, nach oben gespült werden? Als deutlich wurde, dass das College nicht würde verhindert werden können, machte sich die Universität daran, mit allem Nachdruck auf die Lehrinhalte einzuwirken.

Darauf initiierten 1909 studentische Arbeiter einen Streik und beschlossen, in der Bardwell Road ein von der Universität unabhängiges „Labour College" aufzubauen. In dieser Straße wohnten allerdings zahlreiche Oxford Dons, die befürchteten, es würde sich sozialer Unfrieden breit machen. Manche sahen bereits mit Sorge ein Bündnis zwischen Arbeitern und vagabundierenden Straßenmusikanten heranreifen.

Gerichte stellten klar, wer die Macht hat: Hausbesitzern wurde untersagt, dem Labour College Wohn- und Arbeitsraum zu verpachten. Unüberbrückbar schien in Oxford die Kluft zwischen den Klassen, weshalb das College seinen Sitz 1911 zeitweise in das Londoner Arbeiterviertel Earls Court verlegte. Auch in den folgenden einhundert Jahren war das Ruskin College nie als vollwertiges Mitglied der „Oxford University" anerkannt. 2012 endlich durften viele frohlocken: Das Ruskin College wurde ausgelagert und bezog neue Räume im 5 km entfernten Headington. Mit dem Umzug ging die Entsorgung zahlreicher Akten einher. Flugschriften und andere Erinnerungsstücke wurden ins Londoner Bishopsgate Institute überführt.

› www.ruskin.ac.uk
› http://newruskinarchives.org.uk

Schwurgericht kennen, man steigt in die Krypta hinab und kann vom St. George's Tower die ganze Stadt überblicken.

Im Sommer werden im Innenhof Jazzkonzerte und Theaterstücke aufgeführt, einige Restaurants werben um Gäste. Man kann in den alten Gefängniszellen auch übernachten (s. S. 77).

› 44–46 Oxford Castle/New Road, Tel. 01865 260666, www.oxfordcastleandprison.co.uk, tgl. 10–17 Uhr (letzte Führung 16 Uhr), Eintritt 15,25 £ (alle 20 Min. startet eine Tour mit maximal 20 Teilnehmern), Kinder bis 4 Jahre frei

43 Modern Art ★★ [I10]

Das international anerkannte Kunstzentrum, „one of Europe's most influential museums" (The Independent), wurde 1965 in einer ehemaligen Brauerei gegründet. In wechselnden Ausstellungen werden zeitgenössische Künstler, in großen Retrospektiven Klassiker der Moderne vorgestellt. Ein Café befindet sich ein Stockwerk tiefer.

› Pembroke Street 30, Tel. 01865 722733, www.modernartoxford.org.uk, Di.–Sa. 10–17, So. 12–17 Uhr, Eintritt frei

Die Oxford Union – Sprungbrett zur Macht

Vielen mag die 1823 gegründete Oxford Debating Society als studentische Schwatzbude mit harmlosen, formalisierten Debatten erscheinen. Aber sie ist mehr: Sie ist ein wichtiges Sprungbrett für die politische Karriere. Hier werden Argumente „ausprobiert", theoretische Defizite des Gegners offengelegt. Viele, die später Millionen von Menschen via Bildschirm einlullen, in öffentlichen Auftritten agitieren oder vom „richtigen Weg" zu überzeugen suchen, sammeln hier ihre ersten Erfahrungen und erproben ihr schauspielerisches Talent.

Die Studierenden werden während der Debatten mit Abgeordneten und Ministern, Präsidenten und Premiers bekannt gemacht. So lernen sie beizeiten, sich mit den Großen zu messen und so Selbstvertrauen zu gewinnen im spielerischen Redekampf. Die zukünftige Elite lauscht der alten, lernt von ihr die Muster überzeugender Argumentation und ausgefeilter Demagogie. Viele derer, die in der Welt der Politik Rang und Namen haben, sind hier aufgetreten. An den Wänden der Eingangshalle sieht man z. B. die Porträts von Bill Clinton und Nelson Mandela, Robert F. Kennedy (der hier wenige Wochen vor seiner Ermordung sprach) und Benazir Bhutto. Sie alle waren einmal hier und haben mit den Studierenden diskutiert.

Scherzhaft wird die Union mit dem britischen Parlament verglichen: Während der Debatten sitzen sich die Kontrahenten frontal gegenüber; am Kopfende thront der Präsident, ihm zur Seite Schatzmeister, Buchführer und Sekretär. Jede Sitzung endet mit einer Abstimmung. Die berühmteste datiert vom Februar 1933, als der Antrag, dieses Haus werde „unter keinen Umständen für seinen König und sein Land kämpfen", eine deutliche Mehrheit fand. Auch heute noch verblüfft die Union immer wieder mit überraschenden Abstimmungsergebnissen.

Der Kampf der Studierenden um den Präsidentensessel im Club ist ein getreues Abbild des Kampfes der Parteien um die Vorherrschaft in Whitehall. Nur der kann Präsident der Union werden, der die Techniken politischer Machtentfaltung frühzeitig verinnerlicht: Beziehungen knüpfen, Loyalitäten schaffen, Intrigen schüren, auf Partys gehen. Dabei muss alles heimlich geschehen, denn dem Aspiranten auf den Thron verbietet der Artikel 33 jede öffentliche Werbung.

Im Spiel um die Macht mischen auch Frauen mit. Berühmteste Unions-Präsidentin war die 1977 gewählte Benazir Bhutto. Zwei Jahre später war sie Führerin der pakistanischen Volkspartei und 1988 wurde sie Premierministerin von Pakistan. 2007 fiel sie einem Attentat zum Opfer.

Über 80 % der Oxford-Studierenden werden Mitglied der Union und erfreuen sich zahlreicher Vorteile auf Lebenszeit: Sie können an den wöchentlichen Debatten teilnehmen, die Bar mit den studierendenfreundlichen Preisen benutzen, das Restaurant und den trendigen Kellerclub. Und sie dürfen sich frei in sämtlichen Bibliotheken dieses viktorianischen Prachtbaus bewegen, so auch in der Old Library mit ihren präraffaelitischen Fresken und den bequemen Ledersesseln.

•1 [I10] **Frewin Court,** St. Michael's Street (Garteneingang), Tel. 01865 241353, www.oxford-union.org. Als Gast von Studierenden oder Dons kann man den Debatten beiwohnen. Auf der Website werden Details über die Debatten verraten.

139ox Abb.: gs

Vom Magdalen College zur Folly Bridge

Oxford ist von Gärten und Parks umgeben. Auf dieser Tour wird man einige der schönsten kennenlernen. Längs des Cherwell, später der Themse, kommt man schließlichzum „Head of the River“, einem Pub in bester Flusslage.

44 Magdalen College ★★★ [K10]

Mit seinen Kreuzgängen, dem Pub am Fluss und dem weitläufigen Wildpark ist Magdalen eines der romantischsten Colleges.

Das 1458 vom Bischof von Winchester gegründete College (Aussprache: Modlin) ist eines der schönsten und liegt direkt am River Cherwell, knapp außerhalb der alten Stadtmauer am Ostende der High Street. Es ist schon von fern an seinem 44 m aufragenden Turm zu erkennen, verfügt über große Innenhöfe, einen imposanten Kreuzgang und weitläufige Parks. Im Sommer muss man leider Eintritt zahlen, dafür bekommt man einen kleinen Plan in die Hand gedrückt, der einem die Orientierung erleichtert.

Vom St. John's Quad gelangt man in die **Kapelle**, wo ein Werk von Leonardo da Vinci ausgestellt ist: Die Kopie des „Abendmahls“ gilt als besterhaltene Fassung des Werks. Kommt man zur Vorlesungszeit, kann man

Lust auf einen Bootstrip? Blick von der Magdalen Bridge

MEIN TIPP

Auf der „Engelweide“

Biegt man von der St. Clements Street in die Penson's Gardens ein, erreicht man – vorbei am Alice House, einem modernen Studierendenwohnheim – die noch nicht von Touristen eroberte **Angel & Greyhound Meadow** [L10] mit Bänken und einem ruhigen Bachlauf.

abends um 18 Uhr dem Gesang der Chorknaben lauschen. Vom **Kreuzgang** im Klosterhof, den *cloisters*, gelangt man über einen schmalen Gang zum Garten, hinter dem sich die klassizistische Fassade des New Building (18./19. Jh.) erhebt.

Links geht es zum **Wildgehege** *(The Grove)*, das ab dem 17. Jh. das College mit frischem Fleisch zu versorgen hatte. Noch heute, so wird gemunkelt, werden zu feierlichem Anlass Rehe verspeist – allerdings nur, wenn zu viele Tiere den Park bevölkern. Leider wurde ein Teil des Parks um die Jahrtausendwende zugebaut: Entlang der Longwall Street entstanden ein studentisches Wohnhaus (Grove Buildings) nebst Theater (Auditorium).

Im Nordosten spannt sich eine Brücke über den River Cherwell. Am gegenüberliegenden Ufer beginnt der (nicht immer zugängliche) **Addison's Walk**, benannt nach Joseph Addison (1672–1719), einem Fellow am Magdalen College, der für seine bissigen Essays in Zeitschriften berühmt war. Anders als seine französischen Zeitgenossen, die symmetrisch angelegte Gärten liebten, verachtete er eine Landschaftsgestaltung, die „jeder Pflanze den Scherenschnitt des Gärtners einschreibt". Gestaltete Natur, forderte er, solle so aussehen, als sei kein Eingriff durch den Menschen erfolgt. Gemäß seinen Vorstellungen wurde „Addison's Walk" angelegt, ein Spazierweg inmitten einer Parklandschaft, die zwar wild scheint, in der aber jede Pflanze von der Hand eines Gärtners gepflanzt wurden.

Magdalen ist **eines der reichsten Colleges der Stadt**, gilt aber – trotz seiner engen Beziehungen zur Aristokratie – als liberal. Unter der Leitung des weltoffenen Anthony Smith, des früheren Leiters des Britischen Filminstituts, lockerten sich verkrustete Strukturen, Frauen und Absolventen von Staatsschulen fanden Einlass ins College. Für ein progressives Image sorgt auch die am Fluss gelegene College-Bar „The Old Kitchen".

Rasch ausverkauft sind Theateraufführungen mit Stücken des Magdalen-Schülers **Oscar Wilde** (1854–1900), dessen sinnlich ausschweifende Lebensweise mit der puritanischen Moral des Bürgertums kollidierte. Kurz nach Fertigstellung der Komödie „The Importance of Being Earnest" (1895) wurde er der Homosexualität angeklagt und zu zwei Jahren Zuchthaus verurteilt. Er starb 1900 im Pariser Exil.

C.S. Lewis (1898–1963), der im College eine Professorenstelle innehatte, verfasste einen Klassiker der Kinderliteratur, die „Narnia-Chroniken": Sie wurden in 41 Sprachen übersetzt und als Theaterstück und Film inszeniert. In den „Chroniken" geraten Kinder in eine fremde Welt, die von sprechenden Tieren, Faunen und Zentauren bevölkert ist. Die Lust am Fantastischen verband Lewis mit Tolkien: Gemeinsam gründeten sie

Mein Tipp

Punting

Am Fuß des Glockenturms des Magdalen College spannt sich eine Brücke über den Fluss Cherwell: die Magdalen Bridge. Unter ihr befindet sich das Magdalen Bridge Boathouse (s. S. 9), eine beliebte **Anlegestelle für Stak- und Ruderboote.** Um den Fluss breiten sich Grünflächen aus: die Angel & Greyhound Meadow sowie The Water Meadow [L10]. Kein Ort ist schöner, um die Kunst des Punting zu erlernen (s. S. 8)!

die Gruppe „Inklings“, die sich wöchentlich im Pub The Eagle and Child (s. S. 66) traf, um über Literatur zu sprechen.

› High Street/Magdalen Bridge, Tel. 01865 276000, www.magd.ox.ac.uk, tgl. 10–19 Uhr oder bis zum Einbruch der Dunkelheit, Eintritt 7 £

45 Botanic Garden ★★★ [K10]

Blumenpracht, bizarre Exoten in Treibhäusern und ein Flüsschen, das sich malerisch durch das Gelände schlängelt

Gegenüber dem Magdalen College befindet sich der Eingang zu Großbritanniens ältestem botanischen Garten. Er wurde 1621 angelegt, auf dass die medizinische Fakultät versorgt würde mit Kräutern und Heilpflanzen. Aber auch für das Auge wurde gepflanzt.

116ox Abb.: gs

Wer exotische Pflanzen liebt, sollte die **Treibhäuser** besuchen. Sie sind thematisch angelegt: Vom Wüstenhaus mit Wolfsmilchgewächsen und Kakteen spaziert man zum feuchtwarmen Palmenhaus. Auf der Oberfläche eines Teichs im Lilienhaus schwimmen Seerosen, die so groß sind, dass sie einem Baby als Boot dienen könnten. Nebenan tummeln sich insektenfressende Pflanzen: Sie nutzen ihre Dornen zum Aufspießen ihrer Opfer oder locken sie in einen Trichter, auf dessen Grund eine tödliche Flüssigkeit lauert.

› High Street, Tel. 01865 286690, www.botanic-garden.ox.ac.uk, geöffnet Nov.–Febr. tägl. 10–16 Uhr, März–Juni, Sept., Okt. tägl. 10–17 Uhr, Juli, Aug. tägl. 10–18 Uhr, Einlass bis 60 Min. vor Schließung, Eintritt 6,30 £, Gartencafé nur April–Sept. geöffnet

46 Merton Field ★★ [K11]

Die neben dem Botanischen Garten startende Rose Lane endet an einem schmiedeeisernen Tor. Zwei Varianten bieten sich an:

Rechts geht es auf dem Deadman's Walk am Merton Field vorbei zum Christ Church 25. Der makabre Name stammt aus dem 12. Jahrhundert, als man verstorbene Juden aus dem Viertel St. Aldates zum Friedhof auf dem Gelände des heutigen Botanischen Gartens brachte. Im Jahr 1290, unter der Regentschaft Eduards I., wurden die Juden aus England vertrieben, König und Adel entledigten sich so ihrer

[>] *Rustikales Cottage am Eingang zu Merton Field*

[<] *Im Frühjahr blühen Pflanzen im Botanic Garden um die Wette*

Gläubiger. Erst unter Oliver Cromwell durften sich Juden wieder in England ansiedeln.

Geradeaus geht es am Merton Field vorbei zum River Cherwell. Am gegenüberliegenden Ufer sieht man oft weiß gekleidete Jünglinge, die in die Kunst des Cricket-Spiels eingeweiht werden. Es sind Schüler der Magdalen College School, einer der renommiertesten Privatschulen Großbritanniens. Die gesamte von den Seitenarmen des Flusses umschlungene Insel ist im Besitz dieser Schule.

0550x Abb.: gs

47 Christ Church Meadow ★★★ [J11]

Weit ist der Himmel über der großen Weide mitten in der Stadt, auf der manchmal Kühe grasen.

Der Broad Walk trennt das Merton Field im Norden von der weitläufigen Christ Church Meadow im Süden. Der schönere Weg folgt dem Cherwell in einem großen halbkreisförmigen Bogen, das Ufer wird von kaukasischen Ulmen und orientalischen Platanen gesäumt. Nach rechts eröffnen sich auf diesem „Umweg“ Ausblicke auf die Meadow: eine **ländliche Idylle inmitten der Stadt.** Matthew Arnold nannte sie „die letzte Entzückung des Mittelalters“. Nach starken Regenfällen können sich die Wiesen in eine riesige Seenlandschaft verwandeln. Der Cherwell mündet in die Themse (= Isis), auf der sich Ruderer auf anstehende Wettkämpfe vorbereiten.

48 Folly Bridge ★★ [J12]

Über die „verrückte Brücke“ ist Oxford mit den Städten Winchester und Southampton verbunden. Stets war die Themse ein wichtiger Transportweg: Auf ihr gelangte der wertvolle Naturstein aus dem Vorort Headington nach London, im Gegenzug wurden Kohle, Holz, Getreide und Malz nach Oxford gebracht. Heute starten vom Bootshaus „Salters“ (www.salterssteamers.co.uk), gegenüber der traditionellen Flusskneipe Head of the River (s. S. 66), Ausflugsschiffe.

Den Namen (*folly* = verrückt) verdankt die Brücke dem Gelehrten Roger Bacon, der im Haus neben der Brücke ein Zimmer hatte und sich so sehr ins Studium der Gestirne vertiefte, dass er das Misstrauen des Klerus erregte. Auch Bacons Humor war den Mönchen suspekt. Sobald Akademiker aus dem rivalisierenden Cambridge eintrafen, pflegte er sich als Bauer zu verkleiden, um sie sogleich in diffizile Streitgespräche zu verwickeln. Die Besucher sollten glauben, sogar die Ungebildeten aus Oxford seien klüger als die gebildeten Köpfe von Cambridge. 1257 musste Bacon auf Druck des Klerus nach Paris emigrieren, sein Arbeitszimmer wurde fortan „The Folly“ genannt.

Von der Hythe Bridge zur Port Meadow

Die Tour führt am Kanal entlang zu den Weideflächen von Port Meadow. Seit über 900 Jahren lassen dort die „freien Bürger Oxfords" ihre Pferde und Kühe weiden.

Die Tour startet an der Hythe Bridge [H10], die an der gleichnamigen Straße auf halber Strecke zwischen Gloucester Green 41 und Bahnhof [G10] liegt. An ihrer Ostseite startet ein romantischer Weg, der zwischen zwei Kanalarmen in Richtung Port Meadow 50 entlangführt.

49 Oxford Canal ★★★ [G7]

Oxford von seiner romantischen Seite: Weiden, die ihre Zweige ins Wasser hängen lassen, Hausboote und Wildschwäne

Am Kanal liegen Hausboote, die meisten fest bewohnt und mit Strom und Telefon, ja sogar Postservice ausgestattet. Bootseigentümer Richard fragt: „Gibt es etwas Schöneres, als morgens mit dem Gesang der Vögel und dem Geschnatter der Enten aufzuwachen?" Aussteigerträume erfüllen sich am Rande der Stadt, in unmittelbarer Nachbarschaft des illustren, hinter Gesträuch am rechten Kanalufer versteckten Worcester College.

Nach Passieren einer Schleuse mit malerischer Brücke erblickt man rechts den Turm der Kirche St. Barnabas im Stadtteil Jericho. Hinter einem Stahlwerk aus der Frühzeit der Industrialisierung geht es links zur Walton Well Road hinauf und über eine Eisenbahnbrücke.

50 Port Meadow ★★★ [F8]

Unmittelbar vor den Toren der Stadt: weites, von der Themse durchflossenes Weideland, die Ruinen eines Klosters und zwei traditionsreiche Fluss-Pubs

200 m hinter der Brücke ist ein Gatter zu öffnen – kaum schnappt es zu, beginnt die weite Ebene von Port Meadow, freiès Weideland seit mehr als 900 Jahren. Pferde galoppieren über die Wiesen, Kühe steigen zur Furt hinab.

Der Spazierweg verläuft geradeaus über eine Holzbrücke. Wir halten uns rechts, überqueren die Themse auf der Rainbow Bridge und bleiben nun auf der linken Seite des Flusses. Nach gut 300 m zeigt ein Schild den Weg zum Perch Inn (s. S. 68), einem abgelegenen traditionsreichen Pub mit großem Garten östlich des Weilers Binsey.

Wer früh gestartet ist, folgt dem Fluss anschließend in nördlicher

Oxfords Schwäne

Zeitweise waren sie vom Aussterben bedroht, häufigste Todesursache war das Verschlucken von Bleigewichten. Doch seit es Anglern bei Androhung empfindlicher Geldstrafen verboten ist, sich dieser Gewichte zu bedienen, steigt die Zahl der Schwäne wieder kontinuierlich an. Um die 1000 Schwäne bevölkern gegenwärtig die Themse und ihre Seitenarme.

Zur Brutzeit beziehungsweise wenn sie in Begleitung ihres Nachwuches sind, kann es vorkommen, dass die Schwäne Wanderern den Weg blockieren. Da sie sich dann recht aggressiv gebärden können, empfiehlt es sich, die Tiere in großem Bogen zu umgehen.

Richtung, passiert nach etwa 20 Minuten die Schleuse Godstow Lock und erblickt zur Linken eine Ruine: Überwuchert von Efeu und Gras dämmern die Reste des ehemaligen Klosters Godstow vor sich hin. Nichts weist mehr darauf hin, dass hier einst die weibliche Elite Englands ihren letzten Schliff erhielt – immerhin rund 500 Jahre lang, bis hinein ins 17. Jahrhundert.

51 Trout Inn ★★ [B3]

Der nächsten Straße folgt man rechts nach Wolvercote, überquert die Brücke und steht vor einem der schönsten historischen Pubs Englands. Von 1133 bis 1650 wurden hier die Besucher des Klosters Godstow verpflegt und auch nach dessen Auflösung konnte man hier einkehren.

Im Sommer gibt es kaum einen schöneren Ort, um eine Pause einzulegen: Man sitzt auf der Gartenterrasse und schaut auf die Schleuse, über die sich das Wasser in einen Seitenarm des Cherwell ergießt. Im dunklen Nass tummeln sich Karpfen und Forellen (Forelle = *trout*), zwischen den Tischen stolzieren selbstbewusst Pfauen umher.

Während man sich im Garten mit *Pub Food* versorgt (Fish & Chips, Hühnchen und Salat, *no table service* – man muss sich alles an der Theke holen!), geht es drinnen feiner zu: Man speist in gemütlichen Räumen mit Kamin, die Auswahl reicht von Forelle über Ente bis zu den *sharing plates,* Pizza und Lasagne.

› **Trout Inn** ££-£££, 195 Godstow Road, Lower Wolvercote, www.thetroutoxford.co.uk, Tel. 01865 510930. Von der Haltestelle im nahe gelegenen Lower Wolvercote (Webb Close) geht es mit Bus City 6 etwa alle 30 Min. zurück nach Oxford.

Ziele in der Umgebung

52 Woodstock mit Blenheim Palace ★★★

Bilderbuchdorf inklusive fürstlichem Schloss

Woodstock liegt 13 km nordwestlich von Oxford – in seinem Kern ein Bilderbuchdorf aus dem 18. Jh. Über die High Street oder Market Street geht es ins Zentrum mit Rathaus, Post und viktorianischer Kirche. An der ruhigen, mit Bäumen gesäumten Park Street befindet sich das **Oxfordshire Museum**, das in die Geschichte der Region einführt. Vor dem Haus sieht man den *wood stock,* einen hölzernen Schandpfahl, an dem noch im 19. Jh. kleine Diebe und Gauner – oft für Tage – dem Gespött der Vorbeigehenden ausgesetzt waren.

› Park Street, Tel. 01993 814111, www.oxfordshire.gov.uk, Di.–Sa. 10–17, So. 14–17 Uhr (Mai–Sept., im Winter eine Stunde kürzer)

Am Ende der Park Street gelangt man durch einen Triumphbogen in den Landschaftspark **Blenheim Palace** ✿, Weltkulturerbe der UNESCO. Geschichtsbeflissene Leser kennen Blenheim als Ort am Ufer der Donau (bei Höchstädt), wo 1704 der Herzog von Marlborough die Franzosen und Bayern besiegte und damit die Briten vor dem, wie man hier oft hört, „kontinentalen Joch" bewahrte. Zum Dank schenkte ihm Königin Anna das Landgut von Woodstock, auf dass er anstelle des alten, im Bürgerkrieg zerstörten Schlosses einen neuen Prunkbau errichten lasse. Der Architekt Sir John Vanbrugh wurde mit dem Entwurf beauftragt, ausgeführt hat ihn Nicholas Hawksmoor (1722). König Georg III. war beim Anblick des Schlosses so begeistert, dass er ausrief: „Indeed, we have nothing to equal this!" („Fürwahr, wir haben nichts, was dem Schloss ebenbürtig wäre!") Endlich gab es einen Palast, der mit den großen Barockschlössern auf dem Kontinent konkurrieren konnte.

Den Reiz der Landschaft hatten Englands Regenten schon früh entdeckt. Heinrich I. (1100–1135) hatte sich hier ein Jagdschlösschen bauen lassen. Heinrich II. (1154–1189) residierte zwar im Beaumont Palace, hielt sich aber lieber in Woodstock auf, wo er jagte und sich vergnügte. Der königliche Besitz lag inmitten eines Irrgartens, weshalb Heinrich glaubte, seine Geliebte, die junge Adelige Rosamund Clifford, sei hier vor den Augen der Welt sicher versteckt. Eleanor aber, die eifersüchtige Königin, entdeckte den Zugang zum Labyrinth und entledigte sich ihrer Konkurrentin ... Bis zum englischen Bürgerkrieg blieb das Jagdschloss ein Refugium der Königsfamilien. 1646 war König Karl I. nicht imstande, den Besitz gegen die Einheiten Oliver Cromwells zu verteidigen. Das Schloss wurde mehrere Monate belagert und dabei teilweise zerstört.

MEIN TIPP

Wo könnte man vor der Rückfahrt einkehren? Das Schloss bietet zwei Alternativen: Afternoon Tea im **Summer Terrace Room** (sehr teuer), Kaffee im **Water Terrace Café** mit Blick auf den schönen Park (deutlich günstiger).

Oder man spaziert durch Woodstock und besucht das Restaurant in der ehemaligen Postkutschenstation (heute **The Bear Hotel**).

2 The Bear Hotel, Park Street, www.macdonaldhotels.co.uk, Tel. 01993 811124

Nach Vollendung des Neubaus ging es darum, ein passendes landschaftliches Ambiente zu schaffen. Lancelot „Capability" Brown gestaltete den **Park** radikal um, veränderte sogar den Flusslauf, um vor dem Schloss einen großen Talsee entstehen zu lassen. Dieser wird von einer Brücke überspannt, die an ein römisches Aquädukt erinnert. Eine lange Allee führt zur 41 m hohen Siegessäule von 1730. Die Anordnung der Bäume zeigt angeblich, wie der Herzog von Marlborough seine Truppen vor der Entscheidungsschlacht aufmarschieren ließ.

Das **Schloss** kann im Rahmen einer 30-minütigen Führung besucht werden. Man durchstreift zahlreiche mit Teppichen, kostbaren Möbeln und Porträts ausgestattete Säle. In der Bibliothek sind auf 60 m Länge mehr als 10.000 ledergebundene Bände aufgereiht. Auf einem Deckengemälde der Great Hall sieht man den Herzog von Marlborough, wie er Brittania den Schlachtplan von Blenheim erläutert. Im Green Writing Room nimmt der Herzog die Kapitulation des französischen Oberbefehlshabers entgegen, im First Stateroom bittet Marlborough seine Frau auf einem kuriosen Stück Papier (die Rückseite einer Kneipenrechnung!), die Königin vom siegreichen Ausgang der Schlacht zu verständigen. Beigesetzt sind der Herzog und seine Gemahlin in einem Marmorgrab der Schlosskapelle.

Vor allem britische Besucher wollen das Zimmer sehen, in dem **Sir Winston Churchill** (1874–1965), Enkel des siebten Herzogs von Marlborough, geboren wurde. Als Politiker kam er nach Woodstock, um hier die Inhalte seiner Reden zu überdenken. Einigen von diesen dürfen seine Fans lauschen, während sie sich anhand der ausgestellten Fotos und Objekte vorzustellen versuchen, wie der Politiker in diesem Raum gelebt haben mag. Unter Churchills Briefen befindet sich ein Reisebericht, in dem er seinem Vater vorrechnet, wie und wo er sein Taschengeld verprasst hat. Auch ein paar Bilder hat er gemalt – seine Fans halten ihn deshalb für einen Künstler. Wer zum Abschluss das Grab des Politikers sehen will, pilgert zur Kirche Church of Bladen an der Südostseite des Parks. In ihrem Hof ist Sir Winston Churchill bestattet.

› Evesham Road, Woodstock, Tel. 08700 602080, www.blenheimpalace.com, Park tgl. 9.30 Uhr bis Dämmerung, Palast tgl. 10.30–17.30 Uhr, letzter Einlass 16.45 Uhr, Eintritt Palast, Park u. Gärten 32 £ (Rabatt für Kinder, Studierende und Rentner), Nov./Dez. Mo./Di. geschlossen

Anfahrt

Mit dem Bus 7 und der Linie S3 (www.stagecoachbus.com) fährt man alle 20–30 Min. ab Magdalen Street (Stop C4) nach Woodstock (Haltestelle Blenheim Palace Gates bzw. Marlborough Arms, Fahrtdauer 25–30 Min.).

53 Stratford-upon-Avon ★★

Die Kleinstadt am River Avon, die ihrem Sohn William Shakespeare ihren Ruhm verdankt, ist ein literarischer Wallfahrtsort mit mittelalterlich-romantischen Fachwerkhäusern und Parks. Fast jeder kennt wohl sein Drama „Romeo und Julia“ und ein Satz aus „Hamlet“ ist längst zum geflügelten Wort geworden: „Sein oder Nichtsein – das ist hier die Frage!“

Mit ihren 24.000 Einwohnern kann sie den sommerlichen Besucheransturm kaum bewältigen. Alljährlich pilgern etwa 600.000 Menschen zu Shakespeares vermeintlichem Geburtshaus in der Henley Street (tgl.

Im Garten von Shakespeares Geburtshaus 53

Wie kommt man von Oxford nach London?

Busse konkurrierender Firmen fahren von Oxford Gloucester Green 41 alle 12 bis 20 Minuten ins Zentrum von London (Haltestellen u. a. Marble Arch und Baker Street, Zielbusbahnhof: Victoria Coach Station). In Oxford kann man an der High Street (Queens Lane) sowie in St. Clements, Headington und am Thornhill park-and-ride zusteigen (Fahrtdauer: ca. 2 Std. pro Strecke, hin und zurück 18 £).

› **Megabus,** https://uk.megabus.com (billige Online-Angebote!)

› **Oxford Tube,** Tel. 01865 772250, www.oxfordtube.com, in allen Bussen WLAN, für Gruppen und über 65-Jährige bei Onlinebuchung oft günstiger („Special Offers")

Züge fahren ab Oxford Station von 6.30 bis 23 Uhr etwa im Halbstundentakt. Sie halten am Londoner Bahnhof Paddington Station (www.thetrainline.com/stations/london-paddington). Die Fahrtdauer beträgt etwa eine Stunde, der Preis der Fahrkarten ist abhängig von Tag und Uhrzeit und variiert zwischen 20 und 38 £ (einfache Fahrt).

› British Rail, Tel. 08457 484950, http://ojp.nationalrail.co.uk

MEIN TIPP

Erfrischungen werden in allen Shakespeare-Stätten angeboten, Sandwiches bekommt man in den am Flussufer vertäuten Barkassen. Als Pub empfiehlt sich der gemütliche **Garrick Inn**, dem man anmerkt, dass er seit 1718 in Betrieb ist. Es gibt hier leckeres Pub Food und gutes Bier, z. B. das regionale Old Turkey.

ⓞ3 **Garrick Inn,** 25 High Street, www.greeneking-pubs.co.uk/pubs/warwickshire/garrick

10–17 Uhr). Auch in anderen Straßen der Stadt stößt man auf Häuser aus der Tudorzeit, deren hoher Marktwert darauf beruht, dass Shakespeare oder eines seiner Familienmitglieder hier gelebt hat.

› Vor Beginn der Besichtigung sollte man auf www.shakespeare.org.uk prüfen, welche der insgesamt fünf Gedenkstätten geöffnet ist. Anne Hathaway's Cottage und Shakespeare's New Place sind im Winter meist geschlossen, Mary Arden's Farm und Hall's Croft können in der Regel nur von britischen Schüler- und Studierendengruppen betreten werden. Shakespeare's Birthplace ist das ganze Jahr über tgl. von 10 bis 16 Uhr geöffnet. Hier kostet das Ticket 18 £. Studierende, Rentner, Familien, Behinderte und 3- bis 15-jährige Kinder erhalten Rabatt, bis zum 3. Lebensjahr ist der Eintritt frei. Die Tickets können vor Ort, aber besser noch online gekauft werden.

› Karten für Aufführungen der **Royal Shakespeare Company** sind vorzubestellen (www.rsc.org.uk, Tel. 0844 8001110).

› **Visitor Information Centre,** Bridgefoot, www.stratford-upon-avon.co.uk und www.visitstratforduponavon.co.uk, Tel. 01789 264293, tgl. 10–16 Uhr

Anfahrt

Mit dem Bus S3 ab Magdalen St und Umstieg in Bus 50 in Chipping Norton ist Stratford mehrmals täglich erreichbar (knapp 2 Std., www.rome2rio.com).

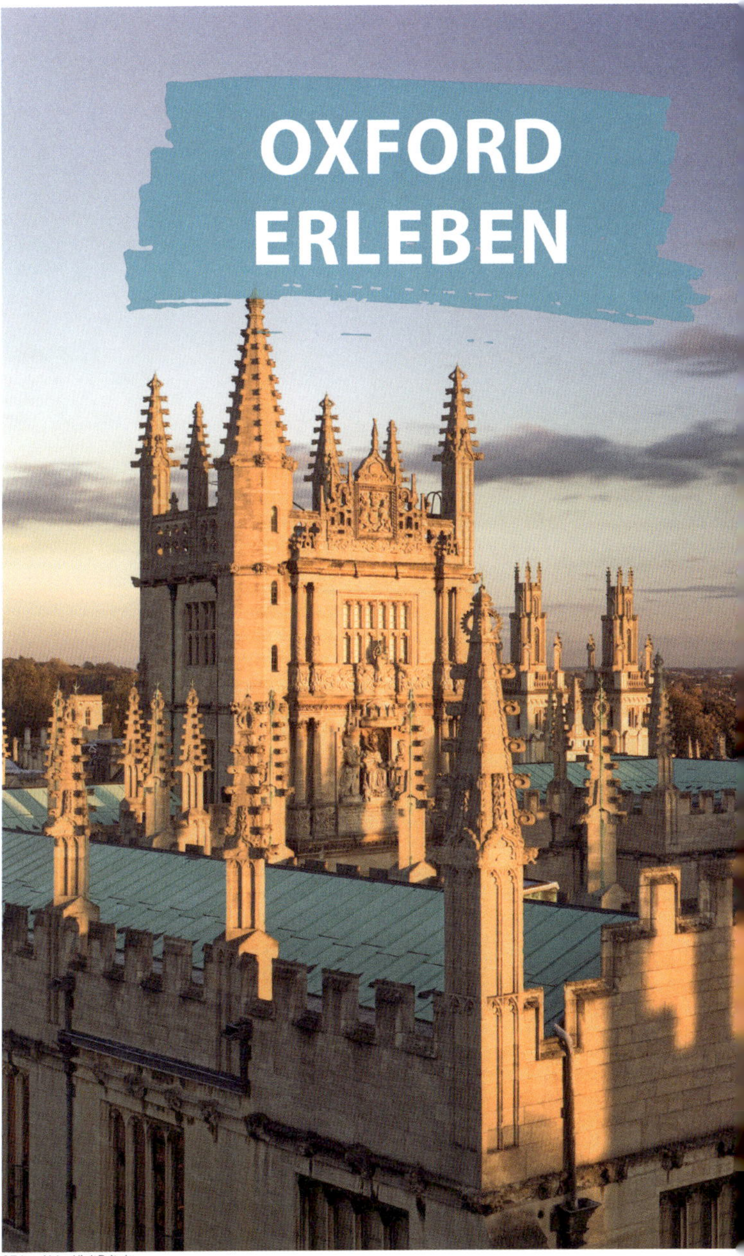

071ox Abb.: VisitBritain

117ox Abb.: gs

Oxford für Kunst- und Museumsfreunde

Viele Oxford-Studierende, die es in der britischen Gesellschaft zu Geld und Ansehen brachten, haben später ihr Vermögen und ihre Kunstsammlungen den Colleges vermacht und sich ewigen Ruhm beschert. So erklärt sich, weshalb eine kleine Stadt wie Oxford überaus reich ist an Kunstwerken. Auch den Naturwissenschaften und der Geschichte sind große Museen gewidmet.

Antike römische Skulpturen im Ashmolean 19

Vorseite: Oxfords verwunschene Türmchen

19 [I9] **Ashmolean Museum.** Gegenüber vom Randolph Hotel steht der 1845 erbaute, antiken Vorbildern nachempfundene Kunsttempel mit großartiger Sammlung von der Antike bis fast zur Gegenwart (s. S. 25).

M7 [J11] **Bate Collection of Historical Instruments,** Faculty of Music, St. Aldates, Tel. 01865 276128, www.bate.ox.ac.uk, Mo.–Fr. 14–17 Uhr, im Trimester auch Sa. 10–12 Uhr, Eintritt frei. Über 1200 Blas- und Schlaginstrumente vom 16. Jh. bis heute werden hier gezeigt, darunter ungewöhnliche Harfen und Hörner. Hin und wieder wird zu Konzerten eingeladen – mit Sicherheit am 17. November, dem Namenstag der hl. Cecilia, der Schutzpatronin der Musik.

26 [J11] **Christ Church Picture Gallery.** In wechselnden Ausstellungen werden Meisterwerke der Kunst präsentiert. Die Gemälde und Zeichnungen, u. a. von Leonardo da Vinci und Albrecht Dürer,

029ox Abb.: gs

stammen aus der umfangreichen Sammlung des College (s. S. 32).

43 [I10] **Modern Art.** Events meist kostenpflichtig. Von außen wirkt das Museum bescheiden, doch was in den letzten Jahrzehnten hier an Ausstellungen moderner Kunst präsentiert worden ist, hat manchen Kritiker zu Lobeshymnen hingerissen. Im Museumsshop werden Kataloge, Bücher und Karten verkauft, ein Café befindet sich ein Stockwerk tiefer (s. S. 42).

M8 [J10] **Museum of Oxford,** St. Aldates/ Blue Boar Street (neben dem Rathaus), www.museumofoxford.org, Tel. 01865 252334, Mo.-Sa. 10-17, im Winter kürzer, unterschiedliche Eintrittspreise je nach Ausstellung. Es erstaunt, welche Fülle von Gegenständen zusammengetragen wurde, um die Entwicklung der Stadt zu illustrieren. Besonders gelungen ist die Nachbildung eines studentischen Arbeitszimmers aus dem 18. Jahrhundert und die vergleichende Darstellung unterschiedlicher Wohnmilieus im 19. Jahrhundert. Auch Jan de Wycks Bild von der Belagerung der Stadt Oxford 1645 prägt sich ein. Große Aufmerksamkeit wird dem Aufstieg und Niedergang der Autoindustrie geschenkt.

13 [J10] **Museum of the History of Science.** Im Old Ashmolean Building, dem Gebäude neben dem Sheldonian Theatre, wird die Geschichte der Naturwissenschaften nachgezeichnet (s. S. 22).

35 [J9] **Pitt Rivers Museum.** Das völkerkundliche, 1884 von General Pitt Rivers gegründete Museum repräsentiert fast alle Kulturkreise der Welt. Auch für Kinder ein Erlebnis (s. S. 39)!

34 [J9] **University Museum of Natural History.** Großartige Ausstellung zur Naturgeschichte (s. S. 38).

Im University Museum 34

Oxford für Genießer

Der spanische Schriftsteller Javier Marías schrieb, die Entfernungen zwischen Kirche und Lokal, Museum und Café seien in Oxford derart kurz, „dass sie einem nicht einmal Zeit lassen, ein anderes Gesicht aufzusetzen".

Die Küchen Englands

Traditionelle Küche

Der Klassencharakter der britischen Gesellschaft spiegelt sich auch auf dem Speiseteller. Die Riten der *Upper Class* sind für die Colleges repräsentativ, nicht aber für die *ordinary citizens*. In deren Küche hat man für kulinarisches Raffinement keine Zeit – das Essen soll schnell hergerichtet werden und lange vorhalten. Darum ist die **typisch englische Küche** eher fantasielos, bar jeder Gewürze und relativ fett. Nicht umsonst denkt man bei *British food* sogleich an *fish and chips:* tiefgefrorenes, in der Mikrowelle erwärmtes Kabeljaufilet, das in einer Teighülle herausgebraten und mit Pommes, reichlich Salz und einem Schuss Essig serviert wird ...

Bangkok House – mit Tischöfchen zum Nachgaren (s. S. 60)

Multikulti

Dem Einfluss der Immigranten, der Inder, Hongkong-Chinesen, Jamaikaner, Araber, Süd- und Osteuropäer ist es zu verdanken, dass sich das Angebot der englischen Küche in den letzten Jahrzehnten erweitert hat – Touristen profitieren davon. Heute reicht das Angebot vom Vegetarier zum Tandoori-Lokal, vom Libanesen zum Chinesen, von französischer Nouvelle Cuisine bis zu japanischem Sushi.

Und natürlich beeinflussten diese vielen verschiedenen Küchen auch die traditionelle britische Küche – so sehr, dass sich daraus das Modern British Cooking entwickelt hat.

Modern British Cooking

Immer mehr Briten sind es leid, sich sagen lassen zu müssen, wie viel besser doch die Fremden zu kochen verstünden. Sie nehmen den Kochlöffel in die eigene Hand und kreieren *Modern British Cooking*. Es mag Spötter geben, die behaupten, hier handele es sich um nichts anderes als *fish and chips* ohne Fett, doch dieses Urteil ist ungerecht: Vielerorts werden „britisches“ Lamm, Lachs und Kabeljau mit exotischen Gewürzen und mediterranen Kräutern vermengt. Und was da herauskommt, kann sich sehen lassen. Die Speisen werden zeitgemäß in luftigem Ambiente serviert – Pomp und Plüsch, die viele Briten so lieben, sind aus den modernen Lokalen verbannt.

Wann und wo isst man was?

Das traditionelle **English Breakfast** besteht aus Rühr- oder Spiegelei und Grillwurst, Bohnen und gebratenem Speck. Oft gehören auch Pilze und gegrillte Tomaten dazu, dies alles ergänzt durch Butter und Toast, Orangensaft und Tee. Ein solch deftiges Frühstück kann so ergiebig sein, dass sich der Hunger erst am frühen Abend wieder einstellt. Nicht dauerhaft satt wird man vom *Continental Breakfast*, das man in einfacheren Bed-and-Breakfast-Häusern bekommt. Es umfasst Kaffee oder Tee mit Toast, Butter und Marmelade, etwas Käse und Wurst.

Gesundheitsbewusste essen gern *cereals* (Cornflakes oder Müsli), dazu vielleicht Joghurt oder einen Toast mit Butter und Marmelade. Gut frühstücken kann man in einem der in Oxford so zahlreichen Cafés und Bistros, wo es auch Sandwiches, Bagels und Baguettes gibt.

Mittags zwischen 12 und 14 Uhr geht man zum Essen in einen Pub und bestellt Snacks und Sandwiches, vielleicht auch *Shephard's Pie*, einen *Ploughman's Lunch* oder ein Curry-Gericht (s. S. 60). Während der Woche wird ein *light lunch* bevorzugt, am Sonntag gönnt man sich einen *Sunday Roast* mit Rinder- oder Lammbraten.

Die „richtigen“ Restaurants sind teuer, bieten oft aber mittags (Mo.–Fr.) ein günstiges *Set Menu*, manchmal auch von 17 bis 19 Uhr ein *Early Bird Menu*, wobei das Getränk im Preis nicht enthalten ist. Wer aufs Geld nicht achten muss, bestellt sein **Abendessen** zwischen 19 und 21 Uhr. Das **Trinkgeld** beläuft sich, sofern man am Tisch bedient wurde und zufrieden war, auf ca. 10 %.

Frühstücksbars, Cafés und Bistros

Eine Fülle toller Adressen, doch wo fängt man an? Vor allem drei Straßen bieten sich an: Broad Street [I10], High Street ❷ und St. Aldates [J11].

- **9** [J10] **Blackwell's Café (alias Caffè Nero)**, 48–51 Broad Street, https://caffenero.com/uk/store/oxford-blackwells-179, Mo.–Sa. 10–18.30, So. 11–18.30 Uhr. Im ersten Stock von Blackwell's befindet sich ein Café, das mit seinen tiefen Ledersesseln zu den gemütlichsten in Oxford gehört. Einzige Hintergrundmusik ist das Gemurmel der Gäste, inspirierend ist der Blick auf die Fassade des Sheldonian Theatre. Laptops und Stapel von Papier zeigen an, dass hier College-Studierende intensiv arbeiten. Stärken kann man sich mit Sandwiches und Baguettes, mittags gibt es kleine warme Gerichte.
- **10** [J9] **Bodleian Café**, Broad Street/Ecke Walton Street, www.bodleian.

121ox Abb.: gs

MEIN TIPP

Uni-Kirche mit Garten

Schön sitzt man in den „vaults", den mittelalterlichen Gewölben der University Church, noch schöner im angrenzenden Garten mit Blick auf Oxfords attraktivsten Platz. Selbst im Winter kann man es sich gemütlich machen – Wärmflaschen und Decken werden gestellt. Die Wirtsleute verwenden regionale Zutaten aus biologischem Anbau. Eine saisonale Spezialität im Herbst ist das Chestnut Chicken vom Freilandhuhn mit Kastanien und Preiselbeeren

15 [J10] **The Vaults and Garden Café** £, University Church, High Street s/n, Tel. 01865 279112, www.thevaultsandgarden.com

ox.ac.uk, bis 17 Uhr. Im Atrium der Weston Library, einer Filiale der berühmten Bodleian, kann man mit Blick auf Buchgalerien guten Kaffee und Tee genießen. Selbstverständlich gibt es auch ein paar Kleinigkeiten zu essen – Kuchen, Sandwiches und Salate. Und werfen Sie einen Blick in die Exhibition Galleries – vielleicht läuft eine interessante Ausstellung.

11 [J11] **George & Danver,** 94 St. Aldates, www.gdcafe.com. Café gegenüber vom Haupteingang des Christ Church. Mit Frühstück, Pizza-Bagels, Salaten und hausgemachtem Eis. Mittags gibt es warme Speisen und gute Desserts.

12 [I9] **George & Davis,** 55 Little Clarendon Street, www.gdcafe.com. Seit 1992 gibt es hier hausgemachtes Eis. An Milch und anderen Zutaten wird nicht gespart, viele (ausgefallene) Sorten stehen zur Wahl, z. B. Oxford Blue (= Blueberry) und After Eight.

13 [J10] **Georgina's Oxford,** Covered Market, Avenue 3, www.facebook.com/GeorginasCafeOxford. Bistro im ersten Stock, beliebt nicht nur bei jungen Leuten, sondern bei allen, die gern griechische Speisen, Pizza, Quiches und Salat essen und das lockere, entspannte Ambiente lieben.

14 [K10] **Grand Café,** 84 High Street, www.thegrandcafe.co.uk, So. geschl. Schon im Jahr 1651 wurden hier Getränke ausgeschenkt, heute wird in dem opulenten Café gefrühstückt, gesnackt und geluncht. Den beliebten Afternoon Tea gibt's den lieben langen Tag! Die angebotene Kost kann mit dem eleganten Ambiente allerdings nicht immer Schritt halten.

Köstliche Menüs im „Vaults"

16 [J10] **Jericho Coffee Traders** ✿, 105 High Street, www.jerichocoffeetraders.com. Sehr guter Kaffee aus der hauseigenen Rösterei, Kuchen und vegane Optionen, z. B. Soja- und Hafermilch. Wer die vorbeieilenden Touristen und Studierenden beobachten will, nimmt am Fenster Platz.

17 [I10] **MOMA,** 30 Pembroke Street, www.moma.org, Mo. geschl. Mittags ist das kantinenartige Bistro des Museums für Moderne Kunst ein beliebter Treff. Zur Wahl stehen knackig-frische Salate, Aufläufe und Gemüsekuchen.

18 [I10] **Organic Deli Café** ✿, 24 Friars Entry, www.organicwholefoods.co.uk, So. geschl. In diese Gasse, die die Magdalen Street mit der Gloucester Street verbindet, verirren sich nur wenige Ortsfremde. Im Organic Deli Café fühlen sich vor allem Vegetarier und Veganer wohl. Es bietet schön zubereitetes Frühstück in mehreren Varianten, Falafel und Avocados, *scrambled tofu* mit Tofu-Stücken und geröstetem Gemüse, guten Kaffee und Bio-Säfte, z. B. Early Riser Shot, einen Mix aus Ananas, Zitrone, Rote Beete und Möhre.

19 [K10] **Queens Lane Coffee House,** 40 High Street, www.qlcoffeehouse.com. Aus dem Jahr 1654 stammt dieses Café. Viele Studierende kommen gleich mehrfach im Laufe des Tages, um zu lesen oder zu plaudern. Die Speisekarte bietet für jeden etwas: Frühstücksgedecke, Baked Potatoes mit unterschiedlicher Füllung, Ciabatta und Moussaka, Kuchen und Törtchen, auf Wunsch Afternoon Tea bis zum Abend. Dunkle Holzmöbel erinnern an traditionelles Kaffeehausambiente.

20 [I10] **The Café,** 40 George Street, www.oldfirestation.org.uk/cafe, Di.–So. 10–16 Uhr. Das Bistro in der Old Fire Station ist eine gute Adresse für Frühstück und Snacks in informellem Ambiente. Alles wird frisch zubereitet. Am häufigsten bestellt wird das Fireman's Breakfast mit *bacon and sausage, tea* und *toast*. Sandwiches und Panini sind großzügig belegt, es gibt Süßkartoffeln und Salate, Pancakes mit Beeren, aber auch wunderbare Spezialitäten aus dem Nahen Osten wie Moussaka, Falafel oder syrische Pizza. Mit dem Besuch des Bistros ist ein guter Zweck verbunden: „Helping the homeless" lautet die

Cream Tea/Afternoon Tea

Der beliebte Cream Tea wird ab 15 Uhr serviert. Zum Kännchen Tee erhält man eine üppige Beilage: Auf „scones", süße Brötchen (manchmal mit Rosinen), schmiert man sich Butter und Marmelade, vielleicht auch „clotted cream", dicke Sahne. „It's too fat and traditional", klagen einige, doch die meisten mögen dem klassisch britischen Brauch keineswegs abschwören. Wer Afternoon Tea bestellt, bekommt zusätzlich Sandwiches und anderes Gebäck!

018ox Abb.: gs

Klassischer Afternoon Tea mit „scones, jam and cream" (süße Brötchen, Marmelade und Sahne)

Devise – die Gewinne aus der Gastronomie kommen Obdachlosen zugute. Nach 18 Uhr verwandelt sich das Café in eine muntere Bar.

21 [J11] **The Independent Café,** 85–87 St. Aldates, www.instagram.com/theindependentcafeox. 500 Jahre altes Fachwerkhaus gegenüber von Christ Church, hat gute Käse Sandwiches. Der Laden von „Alice im Wunderland" (Alice's Shop, s. S. 73) befindet sich gleich nebenan.

22 [K10] **The Rose,** 51 High Street, www.the-rose.biz. In informellem Ambiente in bester Lage überrascht Mr Engel mit mehr als 20 Teesorten aus aller Welt, bietet frisch gebackene Ciabatta (auch in einer vegetarischen Variante), Chicken- und Double Burger sowie den beliebten Cream Tea. Der Afternoon Tea wird auf einem mehrstöckigen Tablett serviert (s. Exkurs S. 59).

23 [I10] **The Spires Cafe,** 99 Gloucester Green, The Chilterns, Tel. 01865 241218, www.facebook.com/Thespirescafe, tgl. 8–21, Sa., So. bis 22 Uhr. Großartiges englisches Frühstück mit vielen Extras wie Avocadosalat und Kirschtomaten, wilder Spinat, Halloumi oder marinierter Feta. Was einem zum Frühstück so gut schmeckt, kann man freilich auch den ganzen Tag über bestellen. Mittags bekommt man vielleicht auch Lust auf Hühnchen oder Lammfleisch – alles frisch zubereitet. Zudem wird man sehr freundlich bedient.

Essen im Pub

In gemütlichen Pubs, so sagen viele, schmeckt das Essen am besten. Man sucht sich das Gewünschte in der Vitrine aus und erhält eine Nummer. Wird man aufgerufen, holt man sich das Bestellte ab. Der Vorteil gegenüber Restaurants: Es gibt hier weder

Traditionelles Pub Food

- **Ploughman's Lunch:** „Bauernteller" mit Käse- oder Schinkenplatte, Brot und Salat
- **Shepherd's Pie:** pikantes Rinderhackfleisch, überbacken mit Kartoffelgratin
- **Steak and Kidney Pie:** Pastete gefüllt mit Steak und Nierenfleisch
- **Cornish Pasty:** in Blätterteig gehüllte Mischung aus Kartoffeln, Zwiebeln und Fleisch

Typische Sonntagsgerichte

- **Roastbeef with York:** Rinderbratenscheiben mit im Ofen gebackenen Eierkuchen, Gemüse und Meerrettichsoße
- **Lamb chops:** Lammfleischscheiben, auf Wunsch mit Minzsoße und Preiselbeeren
- **Pork with prunes:** gebratenes Schweinefleisch mit Apfelsoße oder Backpflaumen

„Katzentische" noch schräge Blicke. Man setzt sich, wohin man will, auch lassen sich im informellen Ambiente leicht Kontakte knüpfen. Die Liste der Pubs findet sich auf S. 66.

Restaurants

Der multikulturelle Charakter Oxfords spiegelt sich in der Fülle exotischer Restaurants. Sie sind in der Regel von 12 bis 23 Uhr geöffnet, Abweichungen werden aufgeführt.

24 [H10] **Bangkok House** £-££, 42-A Hythe Bridge Street, Tel. 01865 200705, www.bangkokhouse.co.uk. Bereits das Ambiente unterm Pagodendach mit Schnitzereien an Tischen und Stühlen versetzt Besucher in eine exotische Welt. Zarte Satéspieße, die

auf einem *burner*, einem gusseisernen Mini-Tischofen, nachgegart werden, diverse Currys (mit grünem Pfeffer und knackigem Gemüse), mariniertes Hähnchen Patang und mit Fleisch gefüllte Teigtaschen machen das Bangkok House zu einer bewährten Adresse für Thai-Freunde. Dazu passt das Thai-Bier Chang. Die sympathisch-offene Betreiberin Nok spricht sehr gut Deutsch!

25 [I10] **Bella Italia** £, 14–16 George Street, www.bellaitalia.co.uk, Tel. 01865 791032. Hier gibt es Kitschdekor im Stil von Dolce Vita, schummriges Kerzenlicht und die beliebten Klassiker Antipasti, Pizza und Pasta, Grill-Mix und Salat. Aufgrund der günstigen Preise ist das Lokal gut besucht, Mo.–Fr. wird mittags ein zweigängiges Set Menu serviert.

26 [H8] **Branca** ££, 110–111 Walton Street, Tel. 01865 556111, www.branca.co.uk, tgl. 8–22 Uhr. Beliebter Italiener in Jericho, mittags (außer So.) gibt es ein günstiges Menü. Auch gut: der angeschlossene Feinkostladen.

27 [I8] **Brown's** ££, 5–11 Woodstock Road, Tel. 01865 511995, www.brownsrestaurants.co.uk, tgl. 9–23 Uhr. Kaffeehaus- und Loungeambiente sind geschickt kombiniert, die Säle mit viel Grün aufgelockert, luftig und hell. Zum Frühstück gibt es unter den vielen Gedecken ein besonderes Gaumenerlebnis: Omelette mit geräuchertem Schellfisch und wilder Kresse, warm serviert in einer kleinen Pfanne. Und den ganzen Tag über werden an der Bar gute Cocktails gemixt.

28 [L11] **Café Coco** £-££, 23 Cowley Road, Tel. 01865 200232, www.cafecoco.co.uk, tgl. 10–22 Uhr, Fr./Sa. länger. Schon seit vielen Jahren ist das Café Coco, von der Magdalen Bridge zu Fuß in wenigen Minuten erreichbar, zu allen Tageszeiten *der* Szenetreff im Stadtteil Cowley. Hier gibt es einen hervorragenden Cappuccino, auch die Obst- und Gemüsesäfte sind sehr gut. Das als Superfood bezeichnete *porridge* (glutenfrei), mit Apfelsaft und griechischem Joghurt angereichert, kommt gleichfalls gut an, ebenso die Burger-Varianten und die orientalischen Mezze mit Hummus, Falafel und Tzatziki. Demselben Besitzer gehört das marokkanisch-mediterrane Kazbar nebenan!

29 [J6] **Cherwell Boat House** £££, Bardwell Road, Tel. 01865 552746, http://cherwellboathouse.co.uk, Mo., Mi., Do. 12–14 und 18–20.45, Fr., Sa. 12–14.15 und 18–21, So. 12–14.45 Uhr. Beliebter Anlaufpunkt in North Oxford: Der Speisesaal öffnet sich zum Ufer des Cherwell, besonders schön sitzt man auf der Terrasse. Abends wird ein festes Menü offeriert: Feinschmeckerküche, inspiriert von neuen kulinarischen Trends.

30 [I10] **Chutneys Indian Brasserie** £, 36 St. Michael's Street/Ecke New Inn Hall Street, www.chutneysoxford.co.uk, Tel. 01865 724241, tgl. 12–14 u. 17.30–23 Uhr. In dem freundlichen, in Rot- und Blautönen gehaltenen Lokal fühlte sich auch Bill Clinton wohl – ein Foto an der Bar zeigt den Expräsidenten mit dem Restaurantbesitzer. Auf der Karte stehen indische Gerichte: Currys und Tandoori, Dosas und Samosas. Acht Reissorten stehen zur Wahl, es gibt Variationen von Nan-Brot, Chapati und Roti.

31 [K9] **Edamamé** £-££, 15 Holywell Street, Tel. 01865 246916, www.edamame.co.uk, Mi. 11.30–14.30, Do.–Sa. 11.30–14.30 und 17–20.30, So. 12–15.30 Uhr. Schlangen vor dem japanischen Lokal zeigen an: Es lohnt sich zu

Restaurantkategorien

£	günstig (Hauptgericht 7–12 £)
££	mittelpreisig (Hauptgericht 12–18 £)
£££	teuer (Hauptgericht ab 18 £)

1200x Abb.: gs

warten! Es gibt nur wenige Tische, telefonisch reservieren ist leider nicht möglich. Das Lunch-Menü zieht viele Stammgäste an, am Donnerstagabend wird Sushi serviert.

32 [I7] **Gees** £££, 61–63 Banbury Road, www.gees-restaurant.co.uk, Tel. 01865 553540, Mo.–Fr. 12–14.30 u. 18–22.30, Sa.–So. 12–22.30 Uhr. Ein ehemaliger Blumenladen und schmiedeeiserner Pavillon in North Oxford wurde in ein Top-Class-Restaurant verwandelt: erfrischend und elegant! Die Küche ist modern-europäisch, auf der Karte stehen z. B. Lammfilet, Tagliatelle mit Pilzen und Trüffeln, Fischfilet in Pfeffersoße. Mittags wird (außer So.) ein halbwegs günstiges Set Menu serviert.

33 [I10] **Gourmet Burger Kitchen** £, 29–31 George Street, 01865 245424, www.gbk.co.uk, Mo.–Do. ab 12, Fr.–So. ab 11 Uhr. Nicht ganz billig, aber beliebt – für Vegetarier gibt's „Falafel“ oder „Aubergine & Goat's Cheese“, für Spanien-Fans „Chorizo““ und für die Freunde Griechenlands „Greek lamb with humous and salad“.

34 [M11] **Greece Greek Taverna Oxford** €€, 84 Cowley Road, Tel. 01865 236376, www.acropolisgreektaverna.uk, Mo.–Fr. ab 18, Sa., So. ab 12 Uhr. Kleines Lokal mit freundlichem Ambiente und wie zu erwarten griechischer Musik. Gerichte werden in großzügigen Portionen serviert, auch die Vorspeisen verdienen ein Lob.

35 [N12] **Nef Istanbul** €€, 212–214 Cowley Road, Tel. 01865 250170, www.nefistanbul.co.uk, tgl. 11–23 Uhr. Im Multikultiviertel gibt es nun auch ein türkisches Lokal mit freundlichem, zuvorkommendem Personal – mit etwas Glück findet man sogar einen Platz draußen. Abends herrscht Riesenandrang. Die Bauchtänzerin lockt ebenfalls Gäste

Gute Laune im Café Coco (s. S. 61)

an. Perfekt zubereitet ist das Lamm in unterschiedlichen Varianten, z. B. Shish-Kebab-Grillspieße mit Tomaten. Die Wartezeit vertreibt man sich mit warmem türkischen Brot und Dips. Und wer es noch nicht kennt, wählt zum Abschluss Baklava, das in Honig oder Sirup eingelegte Gebäck aus Blätterteig und Nüssen. Köstlich!

36 [J10] **Quod Restaurant & Bar** ££, 92–94 High Street, Tel. 01865 202505, www.quod.co.uk. Internationale Küche wird in einem großen Saal serviert, bei warmem Wetter auch auf der Terrasse mit Wasserspiel. Es gibt viel Pasta, Pizza und Risotto, den preisgünstigen Set Lunch wahlweise mit zwei oder drei Gängen. Besonders gern kommen Gäste zum Frühstück (ab 7 Uhr) und zum Afternoon Tea, an speziellen Abenden zum Livejazz.

37 [G9] **The Old Bookbinders** £-££, 17–18 Victor Street (Jericho), Tel. 01865 553549, www.craftybelle.uk/oldbookbinders, Di. 16–23, Mi.–Sa. 12–23 Uhr. „The Bookies", alias Mr. und Mrs. Sadones, bieten in ihrem traditionellen Jericho-Pub britisch-französische Landküche, Bestseller sind Crêpes mit unterschiedlichen Füllungen. Gute Auswahl an Bieren, aber auch Wein. Günstiges Menü mittags und abends (bis 19 Uhr).

Meine Tipps

Für Morgenmuffel

Wer morgens „noch nicht ganz da ist" und Zeit braucht, sich an den neuen Tag zu gewöhnen, freut sich über unaufdringlichen Service und ausliegende Zeitungen:

- **Brown's** (s. S. 61)
- **Blackwell's Café** (s. S. 57)
- **Café Coco** (s. S. 61)
- **Quod Restaurant & Bar** (s. oben)
- **The Spires Cafe** (s. S. 60)

Für den späten Hunger

Wenn andere Lokale bereits schließen, füllen sich High, Queen und Broad Street mit sog. **Vans** (Imbisswagen). Hier bekommt man Kebab und andere preiswerte Schnellgerichte und kann diese dann auf der Stelle im Schatten eines College verspeisen.

Lecker vegetarisch

Da die Veggie- und Veganer-Szene in England ihren Ursprung hat, verwundert es nicht, dass fast jedes Lokal fleischlose Gerichte anbietet. Besonders viel Vegetarisches findet man in den asiatisch inspirierten Restaurants:

- **Bangkok House** (s. S. 60)

Vegetarische Tagesgerichte bieten auch zahlreiche Pubs und Cafés, z. B.:

- **MOMA** (s. S. 59)
- **Organic Deli Café** (s. S. 59)
- **Jericho Coffee Traders** (s. S. 59)

Lokale mit guter Aussicht

Wer beim Essen nicht nur auf schönes Dekor, sondern in die Natur blicken will, ist in den Lokalen mit Blick auf den Fluss am besten aufgehoben:

- **Cherwell Boat House** (s. S. 9)
- **Head of the River** (s. S. 66)
- **Trout Inn** 51

Einen fantastischen Blick auf Oxford genießt man von den zahlreichen Restaurants im obersten Stockwerk des zentralen Einkaufszentrums:

- **Rooftop Terrace**, im Westgate Shopping Centre (s. S. 70)

Dinner for one

Wohl fühlen sich Alleinreisende im kommunikativen Ambiente der folgenden Pubs:

- **King's Arms** (s. S. 67)
- **Lamb and Flag** (s. S. 67)
- **Turf Tavern** (s. S. 68)

025ox Abb.: gs

Oxford am Abend

Oxfords Nächte sind lang: Man beginnt mit einem Konzert-, Theater- oder Kinobesuch und wechselt dann in den geliebten Wohnzimmer-Pub. Bei einem Bier lässt es sich gemeinsam mit Freunden wunderbar entspannen. Schließen die Pubs, gibt es immer noch Discos und Clubs, die bis gegen 2 Uhr nachts geöffnet haben.

Smoker's Guide

Auch in Oxford gilt der **Nichtraucherschutz**, d. h. in allen „public places", also auch in Hotels, Restaurants, Bars und Nightclubs wird mit £ 50 bestraft, wer zum Stummel greift. Geraucht werden darf freilich in den „outdoor smoking areas", über die inzwischen die meisten Lokale verfügen.

Theater und Konzerte

Konzerte

- 25 [J11] **Christ Church,** St. Aldates. Auch hier finden regelmäßig Konzerte statt, zur abendlichen Messe (18 Uhr) tritt der hervorragende Knabenchor in Aktion (s. S. 28).
- 38 [J9] **Holywell Music Room,** 32 Holywell Street, www.coffeeconcerts.co.uk. Europas ältesten Konzertsaal (1742) wussten schon Mozart und Haydn zu schätzen. Er hat eine hervorragende Akustik, ist oval geformt und bestens geeignet für Solisten und kleine Ensembles. Beliebt sind die Coffee Concerts (am Sonntagvormittag), wobei im Eintrittspreis eine Tasse Kaffee im King's Arms (s. S. 67) eingeschlossen ist. Kinder bis zu 10 Jahren brauchen nichts zu zahlen, wenn sie in Begleitung ihrer Eltern sind.
- 12 [J10] **Sheldonian Theatre,** Broad Street. Das Theater von 1669 ist ein beliebter Aufführungsort für klassische Musik (s. S. 20).

MEIN TIPP

Open-Air-Theater

Im Sommer macht es Spaß, einer Aufführung in den College-Gärten beizuwohnen. Zu empfehlen ist das New College, wo vor einem imposanten Hügel mit alten Bäumen gespielt wird. Weiter beliebte Spielstätten sind das Wadham und das Trinity College sowie das Oxford Castle. Besonders oft aufgeführt werden die Shakespeare-Stücke „The Taming of the Shrew", „A Midsummer Night's Dream", „As you like it" und „Hamlet". Aushänge gibt es an den Colleges, eine Übersicht gibt es in der Touristeninfo (s. S. 106).

MEIN TIPP

Musik in historischen Räumen

Oxford ist reich an schönen Räumen, in denen das ganze Jahr über Konzerte gegeben werden. Das City of Oxford Orchestra hat dank seiner großartigen Barockaufnahmen eine treue Schar von Abonnenten gewonnen (www.cityofoxfordorchestra.co.uk). Beliebt sind die Zyklen Music at Oxford (Vorschau s. www.musicatoxford.com) und Oxford Contemporary Music (www.ocmevents.org), die in der Christ Church Cathedral 25 und in College-Kapellen sowie im Sheldonian Theatre 12 gegeben werden. Bitte auf Aushänge achten!

Theater

39 [I10] **Burton Taylor Studio,** Gloucester Street, Tel. 01865 798600. Auf einer Nebenbühne des Oxford Playhouse, gestiftet von Richard Burton und Elizabeth Taylor, begeistern Universitätsgruppen und Touring Companies die Zuschauer.

40 [I10] **New Theatre,** George Street, Tel. 0870 6063500, www.atgtickets.com/venues/new-theatre-oxford. Vor bis zu 1800 Besuchern werden volkstümliche Stücke, Musicals, Pop- und Unterhaltungsshows dargeboten.

41 [N13] **Pegasus Theatre,** Magdalen Road, Tel. 01865 812150, www.pegasustheatre.org.uk. Im Osten Oxfords werden Besucher mit experimentellen Stücken überrascht.

42 [I10] **The Oxford Playhouse,** Beaumont Street, Tel. 01865 305305, www.oxfordplayhouse.com. Studierende können eine oder zwei Stunden vor Vorstellungsbeginn preiswerte Stand-by-Tickets erwerben. Das renommierte Theater, in dem so berühmte Künstler wie John Gielgud, Peggy Ashcroft, Elizabeth Taylor, Richard Burton und Dirk Bogarde auftraten, präsentiert eine Mischung von Komödie, Drama, Oper und Ballett, im Sommer auch Jazz-Events.

Grandiose Akustik im Hollywell Music Room

Nachtleben

Kino

43 [I10] **Odeon Cinema,** George Street, www.odeon.co.uk. Durchschnittliche Filmkost in mehreren Sälen. Filiale: Magdalen Street.

44 [H8] **Phoenix Picturehouse,** 57 Walton Street, www.picturehouses.co.uk. Hier werden meist anspruchsvollere Filme gezeigt, so die Sieger der internationalen Filmfestivals. Mit Bar im ersten Stock.

45 [M11] **The Ultimate Picture Palace,** Jeune Street/Cowley Road, https://uppcinema.com. Ein Kino aus alten Zeiten: Bild- und Tonqualität sind nicht überragend, doch das Kino mit dem schwarzen Flair ist v. a. bei Studierenden sehr beliebt. Gezeigt werden Klassiker und Kultfilme.

Drehort Oxford: eine Fundstätte schöner Bilder

Bekannte Stars laufen durch die vertrauten Straßen der Universitätsstadt, so Kris Kristofferson im Western „Heaven's Gate" und Rob Lowe in der Liebeskomödie „Oxford Blues". Im Film „Julia" ist Vanessa Redgrave Medizinstudierende am New College, wo auch Hugh Grant seinen Ruhm begründete. Er studierte gerade am New College, als hier der Film „Privileged" gedreht wurde – die Hauptrolle bekam er! Besonders oft erlebt man im Kino das Magdalen College: In „Shadowlands" ist dort Anthony Hopkins Literaturprofessor, Stephen Fry stellt „Oscar Wilde" dar und Dirk Bogarde belebt den Klassiker „Accident" (dt. Titel: „Zwischenfall in Oxford").

Den Deadman's Walk und die Merton Street, dazu die Colleges von Merton, Somerville und St. Anne's erlebt der Zuschauer im Film „Iris" – eine Darstellung der letzten Lebensjahre der an Alzheimer erkrankten Iris Murdoch.

Noch viele weitere Oxford-Filme könnte man nennen: darunter natürlich die „Harry Potter"-Reihe und „Alice in Wonderland", aber auch „Young Sherlock Holmes", „Another Country" und „A Fish called Wanda". Viel Aufsehen erregte „The Riot Club", ein Film der dänischen Regisseurin Lone Scherfig, in dem sie das Verhalten der studentischen Elite gnadenlos aufzeigt.

Pubs und Bars

Wer viel Durst hat, bestellt *a pint* (0,57 l), ansonsten begnügt man sich mit *half a pint*. Ist Bier mit Zitronenlimonade gemischt (Alster), wird es als *shandy* verkauft, *cider (sweet, medium, dry)* bezeichnet Apfelwein. Pubs sind durchgängig von 11–23 Uhr geöffnet, nur sonntags gilt die alte Pub-Time: 12–15 und 19–22.30 Uhr.

46 [J10] **Bear Inn,** 6 Alfred Street, www.bearoxford.co.uk. „Der Bär" ist einer von Oxfords ältesten Pubs (1242) und wohl auch einer seiner kleinsten. Ursprünglich war er Treffpunkt von Richtern und Staatsbeamten, heute fühlen sich hier v. a. angehende Juristen wohl. Kurios ist eine Sammlung von über 5000 hinter Glaswänden verschlossenen Krawatten. Wer bereit ist, die seine zu opfern, bekommt ein Bier gratis.

Eine Institution in Oxford – das King's Arms (s. S. 67)

47 [J10] **Chequers,** 131 High Street. Der Pub in einer von der High Street abzweigenden Passage verteilt sich über mehrere Ebenen und ist mit Sofas, Pool- und Snooker-Tables möbliert.

48 [I9] **Eagle and Child,** 49 St. Giles. Auf der Westseite von St. Giles erregt ein Schild Aufmerksamkeit: Ein Adler erhebt sich in die Lüfte, zwischen seinen ausgebreiteten Flügeln hält er Ganymed, den von Zeus geliebten Hirtenknaben, versteckt. Das Schild weist den Weg zum legendären Pub, in dem sich allwöchentlich J. R. R. Tolkien und C. S. Lewis, zwei Liebhaber von Fantasyliteratur, trafen. **Bei Druckabgabe dieser Auflage war der Pub geschlossen. Er soll aber im Laufe von 2023 wieder eröffnen.**

49 [J12] **Head of the River**, Folly Bridge/St. Aldates, www.headoftheriveroxford.co.uk. Schön sitzt man an den Holztischen unmittelbar am Fluss mit Blick auf vorbeigleitende Boote, einen tollen Ausblick hat man auch vom Balkon im ersten Stock. Viele Angestellte,

122ox Abb.: gs

aber nur wenige Studierende kommen hierher. Hausgemachtes Pub Food wird bis 22 Uhr serviert. Außer britischen Klassikern gibt es auch südländische Tellergerichte. Bei der Zubereitung des Essens wird Wert auf saisonale, lokal hergestellte Produkte gelegt.

50 [J9] **King's Arms,** 40 Holywell Street/ Ecke Parks Road, www.kingsarmsoxford.co.uk. Pub aus Shakespeares Zeiten (1607) mit Blick auf das Sheldonian, aber nicht so romantisch wie der Turf Tavern (s. S. 68). Man trifft hier ein buntes Gemisch von Professoren, Dichtern und Angestellten – die Stammkunden sind mit einem Schwarz-Weiß-Foto verewigt. Der Hauptraum mit den ledergepolsterten Bänken ist der Ort zum Sehen und Gesehenwerden. Von ihm zweigt ein Salon ab, der mit Teppichboden und gemusterten Tapeten fast privat anmutet. Hinter der Bar gibt es weitere plüschige Separees, dort liegen auch Tageszeitungen aus. Kalte und warme Mahlzeiten werden serviert, es gibt traditionellen Ploughman's Lunch, Jacket Potatoes und Fishcake, aber auch Pizza aus dem Holzkohleofen, mexikanische Chili Nachos, thailändisches Curry, Gemüselasagne und Gulasch.

51 [I9] **Lamb and Flag,** 12 St. Giles. Der historische Pub gehört dem St. John's College und zieht ein bunt gemischtes, vorwiegend studentisches Publikum an. Der Eingang befindet sich in der Seitengasse am Kastanienbaum.

52 [I10] **Old Tom,** 101 St. Aldates, www.oldtomoxford.com, tgl. ab 12 Uhr. Die Glocke des benachbarten Christ Church College verlieh dem Pub seinen Namen.

Oxford Blue

Bestellt man im Pub einen Oxford Blue, bekommt man weder Blaukäse noch Blaubeereis auf den Tisch gestellt, sondern Rum mit Amaretto und Ananassaft, vielleicht auch Wodka mit Curaçao.

028ox Abb.: gs

Noch heute finden sich hier vor allem Angehörige des Christ Church ein, das Ambiente ist freundlich. Angrenzend ein kleiner Grünflecken, der geschickt als *secret garden* vermarktet wird. Abends bekommt man hier den traditionellen Sunday Roast, gut schmeckt auch der Oxford Ploughman's Lunch mit Salat, Schinken und Käse.

53 [H9] **Oxford Wine Café,** 32 Little Clarendon Street (Jericho), www.oxfordwinecafe.co.uk, tgl. ab 12 Uhr. Viele der hier oder auch im zugehörigen Laden in der Turl Street angebotenen Weine sucht man in Supermärkten vergebens.

54 [D7] **Perch Inn,** Binsey Village, www.the-perch.co.uk, So.–Do. 12–21, Fr., Sa. 12–21.30 Uhr. Traditionsreiches Gasthaus an der Port Meadow: Die Fachwerkfassade ist weiß gekalkt, das Dach reetgedeckt und ringsherum wuchert Grün. Nachdem das Haus 2007 abgebrannt war, wurde es (allen Befürchtungen zum Trotz) nicht in einen hochpreisigen Gastro-Pub verwandelt, sondern im alten Stil wieder aufgebaut.

55 [H9] **Raoul's Bar,** 32 Walton Street, www.raoulsbar.com, ab 16 Uhr. Beliebte Cocktailbar in Jericho, vom Zentrum noch gut zu Fuß zu erreichen. **Bei Druckabgabe geschlossen. Die Bar soll aber im Laufe von 2023 wieder eröffnen.**

51 [B3] **Trout Inn.** Einer der schönsten historischen Pubs, zu Fuß via Port Meadow erreichbar (s. S. 49).

56 [J10] **Turf Tavern,** St. Helen's Passage/Bath Place, www.theturftavern.co.uk. Pub aus dem 13. Jh. mit winzigen Räumen, die Decken sind niedrig und durch Balken abgestützt. Draußen sitzt man in einem hübschen Garten oder einem überdachten Hof an der alten Stadtmauer. Jeden Tag gibt es wechselnde Salate und feste Gerichte. Der Pub liegt sehr versteckt, ist über die von der Holywell Street abzweigende Passage Bath Place oder über die St. Helen's Passage an der Seufzerbrücke erreichbar. Letztere hieß übrigens noch im 19. Jh. „Hell's Passage": Ausdruck für die höllischen Trink- und Spielleidenschaften, denen die Besucher des Pubs frönten. Noch heute verspricht der Pub allen Neuankömmlingen „an education in intoxication" („eine Ausbildung in Rauschzuständen").

57 [J10] **Wheatsheaf,** 129 High Street/Wheatsheaf Yard. Der traditionsreiche Pub in einer dunklen, verwitterten Gasse bietet mittags preiswertes Essen – dazu schmeckt ein frisch gezapftes Bier. Einmal in der Woche gibt es Livejazz. Die Gasse verbindet die High Street mit der Blue Boar Street.

58 [J10] **White Horse,** 52 Broad Street. Beliebter kleiner Pub aus dem 16. Jh., in dem gutes, traditonelles Essen serviert wird.

Livemusik, Discos und Clubs

Ob Jazz oder Blues, Folk oder Funk: In Oxford kann man sich jeden Abend vergnügen, viele Pubs veranstalten einmal pro Woche Livemusik. Konzerte lokaler Bands werden auf dem Daily-Info-Plakat angekündigt.

59 [I10] **Catweazle Club,** 28–32 St Michael's Street, Facebook: catweazle club, Do. ab 20 Uhr, Eintritt 7 £. Folk-Club und Kulturtreff mit tollem Ambiente und Open-Mic-Philosophie – wer etwas vortragen will, findet sich vor 19.30 Uhr ein!

60 [H8] **Freud Arts Café,** 119 Walton Street s/n, www.freud.eu, So. und Mo. geschl. Ein neoklassizistischer Kirchentempel wurde in eine postmoderne Café-Bar verwandelt. Durch ein Säulenportal tritt man in eine weitläufige, gleichfalls durch Säulen gegliederte Halle. Hier kann man extravagant Kaffee trinken, abends gibt es oft Livemusik: Funk, Latino, Jazz und Blues.

61 [H8] **Jericho Tavern,** 56 Walton Street, www.thejerichooxford.co.uk. Der traditionsreiche Pub ist einer der wichtigsten Treffpunkte für Musiker. 1987 wurde hier Radiohead entdeckt und auch die Band Supergrass bekam nach einem hiesigen Konzert ihren ersten Plattenvertrag. Häufig treten hier Folk- und Rock-Ensembles auf, es gibt ungewöhnliche Biersorten, Pub Food und einen kleinen, an kühlen Abenden beheizten Garten.

Im Head of the River hat man Blick auf den Fluss (s. S. 66)

Radiohead

Erst haben sie in Abingdon die Schulbank gedrückt, dann gemeinsam in Oxford studiert. Dort traten sie in Kneipen auf und inszenierten Theaterstücke. Ihre erste, 1993 produzierte Platte enthielt schon jenen Mix, der sie bald weltberühmt machte: den verzerrten Sound dreier E-Gitarren, dazu Thom Yorkes gebrochene Stimme und skurrile Textzeilen („Bist du hungrig? Ist dir schlecht? Hängst du aufgeknüpft an deinen Handgelenken?"). Mit dem Album „The Eraser" hat sich Thom Yorke, der noch heute in Oxfordshire lebt, auch als Solointerpret etabliert.

62 [N12] **O2 Academy Oxford,** 190 Cowley Road, Tel. 01865 420042, www.academymusicgroup.com/o2academy oxford. Club und Musikbühne auf zwei Ebenen – und das fast jede Nacht, von Hard Rock bis Indie werden alle Stile abgedeckt. Weiterhin eine der beliebtesten Nachtadressen der Stadt – trotz hoher Getränkepreise!

63 [I10] **Old Fire Station,** 40 George Street, www.oldfirestation.org.uk. In der ehemaligen Feuerwehrstation gibt es Konzerte, Literaturlesungen, Tanzworkshops u. v. m.

› **Plush,** Nightclub und Bar für die LGBT-Szene der Stadt (s. S. 106)

64 [H10] **The Bridge,** 6–9 Hythe Bridge Street, www.bridgeoxford.co.uk. Drei Tanzflächen und dazu Musik von Hip-Hop bis zu Top Forties. Wer es ruhiger mag, kann in der eleganten Lounge-Bar bei Soul und Funk entspannen. Als Kleider-Code gilt „dress to impress", Eintritt nur mit Personalausweis.

123ox Abb.: gs

Oxford zum Stöbern und Shoppen

Zwar ist Oxford klein, doch sorgt eine junge und kauffreudige, vorwiegend britische Kundschaft für Vielfalt in der Einkaufsszene. Trendige Boutiquen gibt es ebenso wie Traditionsläden mit dem königlichen Gütesiegel „Appointed to Her Majesty". Stöbern kann man auf dem Markt sowie in modernen Einkaufspassagen. Das Preisniveau ist hoch, Schnäppchen macht man vor allem beim Schlussverkauf im Juli und August.

Einkaufsstraßen

Als *lifestyle destination* präsentiert sich das **Westgate Shopping Centre** (alias Westgate Oxford), u.a. von der Queen Street erreichbar: ein mehrstöckiges Einkaufszentrum mit Designerläden und Ketten, aber auch ausgefallenen Geschäften. Besonders schön ist die Dachterrasse mit tollem Blick über die Stadt.

65 [I11] **Westgate Shopping Centre**, Castle St, www.westgateoxford.co.uk, geöffnet tgl. zw. 8 und 1 Uhr. Die Geschäfte und Lokale haben individuelle Öffnungszeiten.

Über Eingänge an der High Street und die Passage **Golden Cross** geht es zu einem Einkaufsparadies der früheren Art, dem überdachten **Covered Market** 24 aus dem 18. Jahrhundert. Weitere Geschäfte haben an der **High Steet** 2 und der Cornmarket Street Stellung bezogen, auf Bücher ist die **Broad Street** [I10] spezialisiert.

Schöne Boutiquen kann man auch in der **Little Clarendon Street** [H9] entdecken.

Bücher und Musik

Das Thema mag noch so ausgefallen sein – in Oxford lässt sich jeder Bücherwunsch erfüllen. Einer der am besten ausgestatteten Buchläden Großbritanniens, der auch sonntags nicht schließt, ist **Blackwell's** 10. Die altehrwürdige Fassade des Hauptgeschäfts (Nr. 48–51) scheint seit 1879 unverändert. Kaum ist man eingetreten, öffnet sich ein wohlsortiertes Reich, das Eingang ins Guinness-Buch der Rekorde fand: Im Souterrain stehen auf über 4 km Regallänge mehr als 150.000 Bücher. Stundenlang kann man in den verschiedenen Abteilungen blättern, ohne dass sich Verkäufer aufdrängen. Wer freilich Beratung wünscht, wird die Erfahrung machen, dass die Verkäufer beste Kenner ihres Fachs sind. Im großen Blackwell's-Labyrinth entdeckt man auch Secondhand-Werke und eine Abteilung seltener Bücher (Rare Books) sowie CDs, Musikinstrumente und Noten. Ein separater Eingang führt zum Oxford-Shop mit Titeln zur Universitätsstadt. Im ersten Stock öffnet Blackwell's Café (s. S. 57), von dem man zu einem weiteren Blackwell's-Laden hinüberschauen kann: dem Spezialgeschäft für Science-Fiction, Manga und Spiele.

Antiquariate

Der Autor Javier Marías schwärmte: „Ihre Vielfalt und große Zahl, der grenzenlose Reichtum ihrer Bestände, die Geschwindigkeit, mit der sie ihre Vorräte erneuern, die Unmöglichkeit, sie jemals gewissenhaft zu erkunden, der kleine, aber dynamische und aktive Markt, den sie darstellen, machen sie zu einem stets lohnenden Territorium voller Überraschungen."

Seit der spanische Autor dies schrieb, sind mehr als 30 Jahre vergangen. Das Internet hat viele Antiquariate ausgelöscht, doch bei Oxfam und Blackwell's findet man auch weiterhin gut sortierte Secondhand-Abteilungen, in denen man nach Lust und Laune stöbern und nach Bücherschätzen suchen kann (s. auch Exkurs „Fair Trade – Oxfam auf Erfolgskurs", S. 72).

Mein Tipp

Cafés für Bibliophile

Alle großen Buchläden haben mittlerweile ein Café, wo man sich mit gesunder Kost stärken kann. Am besten gefiel es uns im **Blackwell's Café**, alias Caffè Nero (s. S. 57).

Im **Bodleian Café** (s. S. 57) im Atrium der Weston Library genießt man den unverstellten Blick auf die Bücherschätze.

- 10 [J10] **Blackwell's,** 48–51 Broad Street, https://blackwells.co.uk
- 66 [I11] **Blackwell's Oxford Westgate,** 258 Queen Street
- 67 [J10] **Blackwell's Sci-fi, Manga & Games,** 27 Broad Street
- 68 [I9] **Oxfam Bookshop,** 56 St. Giles Street, Mo.–Sa. 10–17, So. 10–16 Uhr, www.oxfam.org.uk. Bücher werden für einen guten Zweck gespendet und können zu einem günstigen Preis erworben werden (siehe Exkurs S. 72).
- 69 [I10] **Waterstones,** 1 Broad Street. Im William Baker House, an der Ecke zur Cornmarket Street, residiert Waterstones, eine Kette, die ganz Großbritannien mit Filialen überzogen hat. Im Angebot auf fünf Stockwerken: Bestsellerliteratur, Kochbücher und Klassiker.

Blackwell's, ein Paradies für Buchliebhaber

Fair Trade – Oxfam auf Erfolgskurs

„The grooviest kids get dressed at the Oxfam shop“ (Die ausgeflipptesten Jugendlichen kleiden sich bei Oxfam ein) – so lautet der Slogan. „Oxfam“ steht für „Oxford Committee for Famine Relief“ (Oxford Komitee für Hungerhilfe), eine der größten der in England so zahlreichen Wohltätigkeitsorganisationen. Gegründet wurde sie 1942 mit dem Ziel, die von Deutschen okkupierte und unter der Blockade der Alliierten leidende Bevölkerung Griechenlands vor dem Hungertod zu bewahren.

Auch nach dem Zweiten Weltkrieg blieb Oxfam aktiv. Es verlagerte sein Engagement in die Dritte Welt, weg von traditioneller Wohltätigkeit hin zu Entwicklungshilfe. Seit den 1970er-Jahren hat sich die Organisation politisiert, will nicht nur in Notsituationen helfend eingreifen, sondern auch über die Ursachen der Armut aufklären. Als politische Pressure-Group übt sie regelmäßig Druck auf die britische Regierung aus und fordert Sanktionen gegen Staaten, in denen elementare Grundrechte mit Füßen getreten werden.

Das hierfür notwendige Kapital stammt vorwiegend aus dem Verkauf in den sogenannten Oxfam-Läden. In der Oxforder Broad Street wurde der erste Laden eröffnet, eine Plakette vor Haus Nr. 17 erinnert an Cecil Jackson-Cole, den Gründer der Organisation. Das Verkaufsangebot reicht von Secondhandartikeln, Kunsthandwerk und traditioneller Kleidung bis zu exzentrischer, von den Schöpfern der Haute Couture gesponserter Designermode. Allein in Großbritannien gibt es ca. 700 derartige Läden, in Oxford u. a. in 17 Broad Street, zudem Buchläden in 15 Turl Street und 56 St. Giles Street.

74 [I10] **Oxfam,** 17 Broad Street, www.oxfam.org.uk

Antiquitäten

70 [K10] **Antiques on High,** 85 High Street, www.antiquesonhigh.co.uk. Angeboten werden nicht nur wertvolle, ledergebundene Bücher, sondern auch Kleinmöbel und Accessoires, die mehrere Jahrhunderte auf dem Buckel haben.

71 [J10] **Sanders of Oxford,** 104 High Street, www.sandersofoxford.com, So. geschl. Sammlung seltener Drucke und Karten aus dem 17.–20. Jahrhundert.

72 **Yarnton Antiques Centre,** Sandy Lane (Yarnton), Tel. 01865 379600, www.yarntonantiques.co.uk. Diese Fundgrube großartiger Dinge ist am besten mit dem Auto erreichbar: Sie liegt acht Kilometer nördlich von Oxford, von der Woodstock Road (A44) rechts ab (Ausfahrt Yarnton, Sandy Lane). Hier gibt es Marmortische und prachtvolle Sessel, viktorianische Kommoden aus elegantem Mahagoniholz, Truhen aus Eiche, alte Nähmaschinen, Waschbecken mit Emaille-Schalen, Schminktische, wunderbare Metalluhren, Spiegel, Lampen und vieles mehr. Lebte man in Oxford, so könnte man sich hier wunderbar einrichten!

Schmuck

73 [J10] **Norah's Antiques,** 15 Turl Street, Facebook. Toller Silberschmuck hat seinen Preis, doch ihn in diesem kleinen Laden anzuschauen, lohnt sich allemal!

Kosmetika

› **Neal's Yard Remedies,** im Westgate Shopping Centre (s. S. 70, Unit L40), www.nealsyardremedies.com. Bereits seit 1981 stellt Neal's Yard Kosmetika aus wild gewachsenen bzw. biologisch angebauten Kräutern und Blumen her. Das Markenzeichen sind die dunkelblauen Glasflaschen, die den delikaten Inhalt vor zu viel Sonnenlicht schützen sollen. Die Palette der in der hauseigenen „Öko-Fabrik" hergestellten Produkte reicht von traditionellem Rosen- und Lavendelwasser bis zu Augengel aus weißen Teeblüten, Schwarzpfeffer-Handlotion und einem Travellerkit mit 36 homöopathischen Arzneien. Auch Essenzen und Tinkturen, getrocknete Kräuter und Tees sind zu haben – letztere können im Laden auch gratis probiert werden. Im angeschlossenen Therapiezentrum werden Massage, Akupressur und Akupunktur, Reiki und Shiatsu angeboten.

Oxford-Souvenirs

Oxford lässt es sich nicht nehmen, seinen Ruf als Stätte der Bildung hemmungslos zu vermarkten. Da gibt es Tassen und Teller mit dem Wappen der Universität, Papierwaren mit den Insignien der Colleges und Plüschtiere im akademischen Outfit. T-Shirts, Sweater und Regenschirme attestieren ihrem Träger, er sei Oxford-Studierender. Originelle Souvenirs findet man auch in den einzelnen Museumsläden, im Christ Church 25 und der University Church 3.

75 [J11] **Alice's Shop,** 83 St. Aldates, www.aliceinwonderlandshop.co.uk, tgl. ab 10 Uhr. „Kuriose Dinge" könne man hier kaufen, schrieb Lewis Carroll. Gemeint war der kleine, 500 Jahre alte Laden gegenüber von Christ Church, den es noch heute gibt. Alice kam so oft es ging hierher, um sich mit Süßigkeiten zu versorgen. Die Verkäuferin war eine Frau mit Schafsstimme, weshalb der Laden bis heute auch als „Old Sheep Shop" bekannt ist. Alice versuchte, die vielen hier herumliegenden Dinge mit ihren Augen zu bannen, doch sie „flossen" an ihr vorbei. Also stieg Alice mit der Schafsfrau ins Boot und ruderte wild drauflos, ohne dabei je den Laden zu verlassen ... An Alices surreale Begegnungen erinnern Tücher und Decken mit den Originalillustrationen, Skulpturen vom verrückten Hutmacher, Spiele u. v. m.

76 [J10] **Bodleian Library Gift Shop,** Broad Street/Catte Street, www.bodleianshop.co.uk. Hier dreht sich alles um die Welt der Bücher: Postkarten mit Illu-

015ox Abb.: gs

Hier hat schon „Alice im Wunderland" eingekauft

124ox Abb.: gs

minationen aus mittelalterlichen Manuskripten, Briefbeschwerer, lederne Lesezeichen und vieles mehr.

77 [J10] **The Varsity Shop,** 113 High Street, www.varsityshop.co.uk. Werbung braucht der unauffällige Laden nicht: Seit 1846 besorgen sich im Varsity Shop jedes Jahr Tausende von Studierenden ihren obligatorischen Talar. Auch Tweedjackets und handgemachte Schuhe kann man ordern.

78 [J10] **Walters of Oxford,** 10 Turl Street, www.walters-oxford.co.uk. In diesem traditionsreichen Laden kann man sich von Kopf bis Fuß, von der Mütze bis zur Socke „oxfordgemäß" einkleiden. Es gibt Talare von schwarz bis kardinalrot, dazu das passende Hemd, die Fliege und den Hut mit Quaste. Außerdem im Angebot: Geschenkartikel mit dem offiziellen Wappen und dem Logo der Universität.

Ein ganz besonderes Einkaufserlebnis: The Covered Market 24

Märkte

24 [J10] **Covered Market**, Mo.–Sa. 9–17.20 Uhr, in der Weihnachtszeit auch So. 10–16 Uhr. Wer der ehrwürdigen Oxford-Mauern überdrüssig ist, taucht ab in die Zauberwelt eines überdachten Markts, zu dem es Eingänge von drei Seiten gibt: von der High, der Market und der Cornmarket Street. Unter einem filigranen, schmiedeeisernen Dach sind mehr als 50 Geschäfte vereint. Lebensmittel aller Art – von Fleisch über Fisch bis zu Back- und Konditoreiwaren – findet man hier ebenso wie nette, kleine Bistros und Cafés, Kleider-, Hut-, Schmuck- und Lederläden.

› **Gloucester Green Market**, Gloucester Green 41 Mi.–Do. 8–16 Uhr. Jeden Mittwoch werden vor der Backsteinkulisse des Gloucester Green Obst- und Gemüsestände aufgebaut. Händler aus der Grafschaft Oxfordshire preisen lautstark ihre Frischware an und tauschen Scherze mit den Kunden – die „normalen" Städter sind hier unter sich, Studierende sieht man kaum. Hausrat und allgemeiner Krimskrams nehmen den meisten Platz ein, besser ist das Angebot am Donnerstag, wenn hier der Antiquitätenmarkt stattfindet. Auch am Samstag geht es hoch her beim Funky Food & Crafty Craft Market.

Kulinarisches

Die Grünflächen und Parkanlagen Oxfords verführen zum **Picknicken.** An warmen Sommerabenden zieht es viele auf die Christ Church Meadow 47 und in die University Parks 37, zu den Ufern des Cherwell und der Isis. Auf ausgebreiteten weißen Tischdecken stapeln sich Sandwiches und Baguettes, Salate und Quiches, Kuchen und Kekse. In mehreren Geschäften kann man sich fürs anstehende Picknick versorgen:

79 [J10] **Ben's Cookies,** 108–109 Covered Market, www.benscookies.com. Seit Jahrzehnten werden hier Plätzchen angeboten und nach Gewicht verkauft. Zur Wahl stehen cookies „ohne alles", überzogen mit schwarzer oder weißer Schokolade, gefüllt mit Ingwer oder auch mit Erdnussbutter.

80 [I10] **Holland & Barrett,** 35 Queen St, www.hollandandbarrett.com. Bio-Supermarkt, in dem die Ware bei gleicher Qualität meist günstiger angeboten wird als bei der Konkurrenz.

81 [J10] **Oxford Cheese Shop,** Covered Market, www.oxfordcheese.co.uk. Fundgrube für alle, die nichtindustriell hergestellten Käse schätzen. Unzählige Sorten sind hier versammelt; Inhaber Harley Pouget kennt all ihre Vorzüge. Beliebt sind vor allem der hauseigene Oxford Blue, ein würziger Blaukäse, und Oxford Isis, ein in Honigwein getränkter Camembert.

82 [I11] **Sainsbury,** 21 Westgate. Unter den Supermärkten ist vor allem Sainsbury zu empfehlen: gute Qualität zu günstigen Preisen.

83 [I9] **Taylor's,** 31 St. Giles, www.taylorsoxford.co.uk. Kulinarische Raffinessen aus aller Welt, beispielsweise englische Spezialitäten und indische Köstlichkeiten wie Vegetable Samosas und Chicken Kormas.

84 [J10] **The Whisky Shop,** 7 Turl Street, www.whiskyshop.com. Hier findet man mehr als 400 (!) Whisky-Sorten aus aller Welt, einige kann man vor Ort probieren.

Exotische Öle im Covered Market 24

0800ox Abb.: gs

125ox Abb.: gs

Oxford zum Durchatmen

Jedes der 38 Colleges besitzt einen großen Garten, in dem einst Kräuter und Salatköpfe für die akademische Tafel gezogen wurden. Heute sind die Nutzpflanzen durch Blumen ersetzt, deren Zweck einzig darin besteht, das Auge zu erfreuen. Und da die Colleges in steter Konkurrenz zueinander stehen, ist eine Heerschar von Gärtnern bemüht, dem je eigenen Garten ein unverwechselbares Aussehen zu verleihen.

Allerdings sind die Collegegärten beileibe nicht Oxfords einzige Grünflächen: Man kann auch über weite Weiden und verwilderte Auen spazieren und sich mitten in der Stadt wie auf dem Land fühlen, z. B. auf der herrlichen Port Meadow 50. Wer nicht laufen will, mietet sich ein Stak- oder Ruderboot und erlebt Oxfords grüne Seiten vom Wasser aus (s. S. 8). Im Folgenden werden die schönsten Plätze zum Träumen und Entspannen in Oxford aufgelistet:

- 45 [K10] **Botanic Garden:** Labyrinthische Rosenbeete bilden das Entree zu Großbritanniens ältestem botanischen Garten (1621). Hier wachsen Kräuter und Pflanzen aus aller Herren Länder – fein säuberlich mit ihrem englischen und lateinischen Namen versehen. Ist es draußen kühl und regnerisch, spaziert man entspannt durch beeindruckende viktorianische Treibhäuser.
- 47 [J11] **Christ Church Meadow:** Zwischen mittelalterlichen Collegemauern und der Themse grasen Kühe, darüber spannt sich ein weiter Himmel – ideal für ein ländliches Picknick!
- 44 [K10] **Magdalen College:** Der Collegegarten ist so groß, dass er sogar ein Wildgehege umfasst! Rehe und Hirsche grasen zwischen alten Bäumen und mustern neugierig die Besucher. Auf einer kleinen, über den Cherwell gespannten Brücke gelangt man zum Addison's Walk.
- 32 [K10] **New College:** Am besten lernt man den Garten im Rahmen einer sommerlichen Theateraufführung kennen: In

Mein Tipp

Pubs und Restaurants mit Garten

Schönster Garten-Pub im Zentrum der Stadt ist der **Turf Tavern** (s. S. 68), einen kleinen Garten hat aber auch **Old Tom** (s. S. 67) in St. Aldates. Im **Head of the River** (s. S. 66) an der Folly Bridge 48 sitzt man direkt am Fluss und die angebotenenen Gerichte basieren auf saisonalen, lokal produzierten Zutaten. Gleichfalls am Fluss, aber einige Kilometer außerhalb, liegen die traditionsreichen, nobleren Pubs **Perch Inn** (s. S. 68) und **Trout Inn** 51.

seiner Mitte erhebt sich ein mächtiger Hügel, ringsum verläuft die mittelalterliche, efeuumrankte Stadtmauer. Vor ihr sprießen Königskerzen, Stockrosen und Rittersporn.

50 [F8] **Port Meadow:** Will man Oxfords „sprechende Steine“ hinter sich lassen, wandert man vor die Tore der Stadt – Zugang z. B. über die Walton Well Road. Im Norden erstrecken sich die riesigen Gemeindeweiden, wo „Oxfords freie Bürger“ seit über 900 Jahren ihre Pferde und Kühe grasen lassen. Am Ufer der Themse stehen die Ruinen eines alten Klosters.

18 [I9] **St. John's College:** Fünf Gärtner sorgen für einen intensiven Farbrausch: Im Frühjahr blühen Krokusse, Narzissen und Tulpen, im Sommer Mohnblumen und Kaiserkronen. Im Rock Garden, einem um 1910 angelegten Steingarten, wachsen fast 1000 alpine Pflanzen.

37 [J8] **University Parks:** Hier muss man weder einen Porter (s. S. 16) passieren noch eine Eintrittsgebühr entrichten. Man erlebt englische Gartenbaukunst par excellence, alles ist durchgestaltet und erscheint doch als Werk der Natur. Alte Bäume säumen die gewundenen Wege, die Rasenflächen werden am Wochenende zum Picknick genutzt.

Urlaub im Knast

Wer den Film „The Italian Job“ mit Michael Caine kennt, hat sie schon einmal gesehen: die Burg von Oxford 42*. Als der Streifen gedreht wurde, war sie noch prall gefüllt mit Häftlingen. Seit 2006 ist die Gefängnisburg ein Hotel und man kann Teile der Anlage im Rahmen einer geführten Tour besichtigen.*

„Wenn Sie klaustrophobische Anwandlungen haben oder schlecht zu Fuß sind, bleiben Sie lieber unten!“ Über halsbrecherisch enge Stufen leitet die Burgführerin die Besucher den Rundturm hinauf, auf halber Strecke hält sie inne: „Hier lebten 60 Gefangene dicht gedrängt, manchmal Monate, oft sogar Jahre. Ihre Notdurft verrichteten sie an Ort und Stelle, sodass man knöcheltief in menschlichem Unrat versank.“ Und sie spricht vom eisernen Wassertank, der bedrohlich über den Köpfen der Gefangenen schwebte – er galt ihnen als Segen, waren doch die herunterfallenden Tropfen die einzige Flüssigkeit, die sie im Laufe eines langen Tages zu sich nahmen.

Viele derer, die in der Burg einsaßen, warteten auf die Vollstreckung der **Todesstrafe.** Es waren Mörder, ab 1236 auch politische Dissidenten, rebellierende Gelehrte und Ketzer. Die meisten Frauen waren wegen Kindestötung inhaftiert – auch darauf stand die Höchststrafe.

Das Schicksal der 22-jährigen Anne Green, die am 14. Dezember 1650 hingerichtet wurde, sorgte im ganzen

◁ Auf die bequeme Tour: ein „Guide“ wird engagiert

Königreich für aufgeregte Diskussionen: Nachdem ihr Körper eine halbe Stunde am Galgen hing, wurde er abgenommen und zwecks anatomischer Studien zu Oxfords Ärzten gebracht. Diese freilich staunten nicht schlecht, als sich die Frau zu regen begann und trotz der Kolbenschläge, die ihr der mitgereiste Henker verpasste, nicht bereit war zu sterben. Die wundersame „Wiederauferstehung" brachte Anne Green die Freilassung ein – den bereitgestellten Sarg durfte sie als Trophäe mit nach Hause nehmen.

Tausende von Insassen wurden in der Burg hingerichtet, bevor die Todesstrafe endlich abgeschafft wurde. Das Gefängnis blieb freilich bis 1996 erhalten, erst dann wurde die letzte Zelle geschlossen.

Als Queen Elzabeth II. (1926–2022) am 5. Mai 2006 Oxford besuchte, zog sie einen endgültigen Schlussstrich unter „Her Majesty's Prison", das seit dem Jahr 1071 gefürchtete „Gefängnis Ihrer Majestät". Für knapp zwölf Millionen Euro aus der britischen Lotteriestiftung war die Burg zuvor restauriert und als **Kern eines Einkaufs- und Kulturzentrums** herausgeputzt worden – eines der ehrgeizigsten Bauprojekte der Nachkriegszeit. Der gruselige Gefangenen- und der Schuldnerturm können besichtigt werden, ebenso die Krypta, in der einst Leichen neben Lebensmitteln lagerten. Von einem künstlich aufgeschütteten Hügel schaut man über die Türme der Stadt bis weit ins anmutig gewellte Umland.

Die Gefängniszellen des Haupttrakts werden heute wieder bewohnt – unter dem Namen „Malmaison" („Böses Haus", www.malmaison.com/locations/oxford, s. S. 116) entstand ein luxuriöses **Viersternehotel.** Freilich muss man recht tief in die Taschen greifen, um sich den Kitzel ausmalen zu dürfen, wie es den einstigen Insassen ergangen sein mag. Im Visitor's Room, in dem die Familien auf ihre internierten Angehörigen trafen, befindet sich heute die Rezeption: schwarz gestylt und mit Fackeln erleuchtet, das Personal darin geschult, dem Gast jeden Wunsch von den Lippen abzulesen. Seinen Schrecken verloren hat auch die dreistöckige Halle mit ihren in Reih und Glied angeordneten Zellen. Weicher Teppichboden schluckt jeden Laut, statt strenger Wächter mit rasselnden Schlüsselketten durchkämmt eine Heerschar weiß geschürzter Putzfrauen den Flur.

Die beängstigend schmalen Eisentüren mit Guckloch blieben erhalten. Allerdings führen sie nicht mehr in eine spartanische Zelle, sondern in ein großzügig angelegtes Zimmer, dessen nackte Ziegelwände mit rotem Brokat verhängt sind und in dem Hightech für modernen Wohnkomfort sorgt. Statt karger Kantinenkost gibt es für die „Insassen" Schlemmermenüs, statt des obligatorischen Hofgangs stehen Anwendungen im hoteleigenen Wellness-Bereich auf dem Programm.

Und damit Malmaison mit seiner Eleganz nicht allein steht, wurden um die Burg hohe Wälle gezogen, in die **Boutiquen, Cafés und Restaurants** einzogen. Eine Galerie zeigt moderne Kunst, ein Theater führt im Hof Shakespeare-Dramen auf.

Die Burgführerin berichtet, dass auch unfreiwillige Gäste aus früherer Zeit das nun offene „Gefängnis" besuchen: „Sie steigen hinauf auf den Turm, um von oben, aus dem Blickwinkel der Freiheit, auf jene Zelle zu blicken, in der sie so lange eingeschlossen waren."

Zur richtigen Zeit am richtigen Ort

„Universität" und „Stadt" schaffen sich ihren eigenen Festkalender. Im Mai und Juni steht Oxford ganz im Zeichen der Colleges, die nicht nur auf akademischem Gebiet um die Vorherrschaft streiten. Besonders spannend sind die Rennen mit den pfeilschnellen Achterbooten.

Februar/März

- In der sechsten Woche des Hilary Term (zweites Trimester) kämpfen die Rudervertretungen der Colleges auf der Themse im Bereich der Oxforder Bootshäuser ein erstes Mal gegeneinander (s. Exkurs rechts).

März/April

- **Literaturfestival:** Acht Tage lang stellt sich eine Vielzahl bekannter britischer Autoren seinen Lesern, z. B. im Sheldonian Theatre 12. Informationen unter https://oxfordliteraryfestival.org.

Mai

- In den Morgenstunden des **1. Mai** wird an der Magdalen Bridge [L10] ein großes Fest gefeiert. Von der Spitze des 44 m hohen Turms stimmt der Knabenchor der Magdalen College School um 6 Uhr lateinische Gesänge an, denen eine tausendköpfige Menge lauscht. Dabei erklingen Glockenkonzerte, vielerorts legen die vom Bierkonsum inspirierten Morris Dancers, bunt eingekleidete Folktänzer mit Glöckchen am Kostüm, Proben ihres Könnens ab. Studierende feiern Champagner-Partys in den Straßen, Professoren verlustieren sich beim Picknick.
- Die mehrtägigen **Bumps** (oder Eights) finden in der fünften Woche des Trinity Term statt (Mi.–Sa.): Zum letzten Mal vor den Sommerferien treffen die Rudermannschaften aufeinander, werfen das vor ihnen fahrende Boot durch Anstoßen *(bumping)* aus dem Rennen. Das siegreiche Team wird zum Head of the River gekürt. Ideal zum Zuschauen ist das Ufer der Christ Church Meadow 47.

The Boat Race – der härteste Achter der Welt

Am Ostersamstag ab 14 Uhr startet alljährlich das große Duell – und wer meint, dies sei ein ganz normales Sportereignis, täuscht sich gewaltig. Denn hier steht die „Ehre" der Eliteunis Oxford und Cambridge auf dem Spiel. Oxford stellt zwar mehr Premierminister, doch bei den Ruderern führt immer noch Cambridge die Siegerbilanz an – wenn auch nur mit hauchdünnem Vorsprung.

Seit 1829 treffen die Konkurrenten aufeinander, früher in Henley, mittlerweile zwischen Mortlake und der Londoner Putney Bridge. Mit 7 Kilometern ist die Strecke dreimal länger als die Olympiabahn. Die Teams bilden einen bunten Nationalitäten-Mix, und so manch ein Teilnehmer ruderte zuvor schon im nationalen Team seines Herkunftslandes.

„God damn bloody Oxford" und „Down with Cambridge": 250.000 Zuschauer feuern die Ruderer an, 500 Mio. verfolgen das Duell vor dem Fernseher.

Informationen im Internet unter http://theboatraces.org.

Offizielle Feiertage

- **New Year's Day:** 1. Januar
- **Good Friday:** Karfreitag
- **Easter Monday:** Ostermontag
- **May Day:** Maifeiertag, erster Montag im Mai
- **Spring Bank Holiday:** letzter Montag im Mai
- **Summer Bank Holiday:** letzter Montag im August
- **Christmas Day:** 1. Weihnachtstag
- **Boxing Day:** 2. Weihnachtstag

Juni

- **Encaenia:** In der neunten Woche des Trinity Term schreiten Oxfords Professoren zum Sheldonian Theatre 12, wo erlauchten Gästen die Ehrendoktorwürde verliehen wird. Nach der Zeremonie werden Champagner und Erdbeeren im All Souls 6 serviert – jenem College, das nur arrivierten Akademikern offen steht.
- **Oxford Pride:** Schwule und Lesben machen mobil – mit Umzügen und Kulturveranstaltungen. Informationen dazu unter www.oxford-pride.org.uk.

Juli

- **Alice's Day:** Jedes Jahr am ersten Wochenende im Juli wird der geliebten „Alice im Wunderland" unter einem neuen Motto gedacht: mit Musik, Festen und Kostümpartys.
- **East Oxford Carnival:** Nach mehrjähriger Pause soll ab 2023 wieder gefeiert werden. In Ost-Oxford, dem Zentrum einer großen multikulturellen Szene (Cowley Road bis Manzil Way), findet ein grellbunter Karnevalsumzug statt, begleitet von Samba-, Salsa- und Afro-Bands.
- **Open-Air-Aufführungen:** Stücke von Shakespeare und anderen englischen Dramatikern erlebt man in den College-Gärten und im Oxford Castle. (Termine und nähere Informationen erfährt man in der Touristeninformation, s. S. 106)

August

- **Oxford Philomusica:** Klavierfestival an historischen Stätten mit Aufnahmen von Schubert bis Tippett und von Händel bis Messiaen. Außerdem gibt es Vorlesungen und Meisterklassen (www.oxfordphil.com).
- **Oxford City Royal Regatta:** Diese Regatta ist weniger leistungsbetont als die universitäre. Nach Alter und Geschlecht geht es bunt gemischt zu – was zählt, ist der Spaß an der Sache (www.oxfordcityroyalregatta.co.uk)!

September

- **St. Giles' Fair:** Am ersten Mo. und Di. findet auf dem Prachtboulevard St. Giles [19] ein großer Jahrmarkt zu Ehren des Schutzheiligen der Bettler und Krüppel statt.
- **Oxford Wine Festival:** In der Oxford Union (s. S. 43) können Hunderte von preisgekrönten Weinen aus über zwanzig Ländern gekostet werden. Tickets online, Infos unter: www.oxfordwinefestival.org.

November

- **Christmas Lights Festival:** An einem Wochenende zur Monatsmitte wird Oxford „erleuchtet": mit einer Laternenparade, einem Weihnachtsmarkt, Tanz und Musik (www.oxfordschristmas.com).

OXFORD VERSTEHEN

002ox Abb.: gs

Oxford – ein Porträt

Wer im Sommer nach Oxford reist, ist von der Anmut der Landschaft überrascht: sanft gewellte Hügel, saftige Wiesen, ein Fluss, der sich in ruhigen Windungen durch Weideland zieht. Schon von fern wird die Silhouette der Stadt sichtbar, stolz erhebt sie sich aus dem wogenden Grün. Von den Kriegen des 20. Jh. blieb sie verschont, kein Brand zerstörte das Bild der Idylle.

KURZ & KNAPP

Oxford in Zahlen

- **Gegründet:** 912 n. Chr.
- **Einwohner:** 162.100
- **Besucher pro Jahr:** ca. 9,5 Mio.
- **Zahl der Studierenden:** ca. 26.500
- **Independent Colleges:** 39
- **Private Halls:** 6

Eine Stadt der Widersprüche

Oxford trägt den Beinamen *City of Dreaming Spires* (Stadt der träumenden Türme): Viele kleine Kirchtürme überwachen das Leben in den Colleges. Ihre Mauern sind eingetaucht in das hell schimmernde Licht des Cotswolds-Steins, der Grundstoff der Universitätsbauten seit dem ausgehenden Mittelalter. Manch einer, der über den Radcliffe Square [J10] läuft, die Bibliothek passiert und unter der Seufzerbrücke 8 zu einem der ältesten Pubs, dem Turf Tavern (s. S. 68), einbiegt, bedauert es, hier nicht auf Dauer leben und studieren zu dürfen.

Doch wer in Oxford lebt, muss auch Widersprüche aushalten können, denn **die Universität ist gegen die Stadt verschlossen.** Von den 162.100 Menschen, die heute in Oxford leben, studiert nur etwa jeder siebte. Die Mehrzahl der Einwohner lebt außerhalb der mittelalterlichen „Freistadt“ und kommt nur ins Zentrum, um sich in der Queen und Cornmarket Street [I10] ins Einkaufsgetümmel zu stürzen. Auf Studierende sind die Städter nicht gut zu sprechen, eher schon auf die Sprachschüler, an die sie während der Sommerferien freie Zimmer vermieten.

Vor allem in den Vororten des Ostens, wo nach dem Niedergang der Autoindustrie keine profitablen Wirtschaftszweige angesiedelt wurden, gehören **soziale Spannungen** zum Alltag. Stellen die Studierenden auf dem Sommerball ihren Reichtum zur Schau, empfinden die Jugendlichen aus den armen Stadtteilen Cowley und Blackbird Leys dies als Provokation. Für den Besucher, der über die Magdalen Bridge [L10] in Richtung Osten geht, wird schon nach einigen Hundert Metern erkennbar: Es geht ein Riss durch diese Stadt. Wer freilich jene Stadtteile meidet, mag sich einreden, Oxford sei gleichzusetzen mit der Schönheit seiner Universität.

◁ Vorseite: Encaenia Day – auch so kann die Verleihung der Ehrendoktorwürde aussehen …

Die Universität

„Wo bitte finde ich sie?“ „Ja hier, überall …“ Mit weit ausladender Armbewegung wird dem Besucher klar gemacht, dass er eine überflüssige Frage gestellt hat. Eine Universität mit Campus und Mensa gibt es in Ox-

Vor dem Gesetz – die Prozedur der Aufnahme

Wie aber schafft man es, Einlass zu finden in den elitären Zirkel der Universität? Wer in Oxford studieren möchte, bewirbt sich beim College seiner Wahl. Doch in den engeren Kreis der Bewerber kommt nur, wer ein ausgezeichnetes Schulzeugnis vorweisen kann. Herzstück der Prüfung ist ein ominöses Interview. Die Prüfer sind Lehrende und werden als Tutoren das zukünftige Geschick der von ihnen Erwählten maßgeblich beeinflussen. Fast immer tritt als Prüfer ein Mann auf und fast immer wird er der Upper Class zuzurechnen sein. Auf Herz und Nieren wird der Kandidat geprüft – die Fragen beziehen sich auf das gewählte Fach, aber auch auf background & general outlook. Was für einer Familie entstammt der Bewerber und welche Schule hat er besucht? Hat er Talent für das von ihm gewählte Fach, welche Vorkenntnisse bringt er mit? Ist er selbstbewusst, begeisterungsfähig, wissensdurstig? Über welche Eigenschaften verfügt er, die sich befruchtend auf das Leben im College auswirken können? Ist er interessiert an Sport, Theater, Musik?

Kritiker der bestehenden Aufnahmeprozedur monieren, dass die Kinder der Reichen, fast immer Absolventen einer Privatschule (z. B. Eton), in diesem Verfahren noch immer Vorteile haben. Die wohlhabenden Eltern haben ihre Zöglinge beizeiten für die höhere Laufbahn programmiert und tief in die Tasche gegriffen. Zwar sind seit 1964 alle Colleges angehalten, für eine vermehrte Aufnahme von Staatsschülern Sorge zu tragen, doch in den Statistiken schlägt sich dies – von Balliol und Hertford abgesehen – nur zögerlich nieder. Es wird, so scheint es, noch einige Zeit dauern, bis das Bildungsmonopol der Reichen in Oxford gebrochen ist.

ford nicht. Jedes einzelne der 39 Colleges, die gemeinsam die University of Oxford bilden, ist eine **Universität en miniature:** Es wartet mit einem eigenen Lehrangebot auf, das nahezu alle Fächer umfasst. Ein College wählt die Studierenden aus, die es haben will, verwaltet und finanziert sich selbst. Es ist im Besitz aller zugehörigen Gebäude einschließlich der Kapelle, verfügt über Bibliothek, Speisesaal, Clubraum und Bar. Lang ist die Liste der Prominenten, die Oxford als **Sprungbrett für die Karriere** nutzten. Sie umfasst die Namen von 28 Premierministern, zehn indischen Vizekönigen, mehreren hundert Bischöfen und über 55 Nobelpreisträgern. Für den Aufstieg ist es unerheblich, welches Fach man studiert hat. Absolvierte man Greats (klassische Philologie und Philosophie), so werden „logisches Denken“ und „gute Gedächtnisleistungen“ attestiert. Die Erschließung antiker Texte, so heißt es, führe zur Herausbildung eines „konstruktiv misstrauischen Verstandes“, weshalb der Altphilologe gut gerüstet sei für eine Karriere im Bankwesen oder an der Börse. Und auch für den Literaturstudierenden sollte es leicht sein, einen gut bezahlten Posten in Wirtschaft und Staat zu ergattern: *the old boys network,* das Beziehungsgeflecht der Absolventen, macht's möglich.

100ox Abb.: VisitBritain

Studentisches Leben

Anfang Oktober dürfen die **Frischlinge** *(fresher)* in ihr College einziehen. Dort werden sie alles finden, was sie zum Leben brauchen: ein Zimmer zum Schlafen und Studieren, einen herrschaftlichen Speisesaal, eine rund um die Uhr geöffnete Bibliothek und sogar eine Bar. Nicht einmal um die Sauberkeit im eigenen Zimmer müssen sie sich kümmern: Allmorgendlich wird der Papierkorb geleert, Teppich und Polster werden abgesaugt.

Die Studierenden werden im College von allen Alltagssorgen befreit, im Gegenzug verpflichten sie sich, die **Collegeregeln** strikt zu befolgen. Sie lernen, dass sie

- nicht ihre „akademischen Verpflichtungen" vernachlässigen dürfen
- nicht durch Trunkenheit und asoziales Verhalten auffallen dürfen
- nur während der sogenannten *music hours* (13–17 und 19–23 Uhr) laut Musik hören dürfen
- für das Fehlverhalten ihrer Gäste zur Rechenschaft gezogen werden
- nicht jederzeit den Rasen betreten dürfen (dieses Recht bleibt Professoren vorbehalten)
- zu bestimmten Anlässen eine dunkle Robe über schwarzer Hose und hellem Hemd (resp. Rock und Bluse) tragen müssen
- während der Trimesterferien nicht in Urlaub fahren dürfen, ohne ihrem Tutor dies mitzuteilen.

Kaum sind der Anfänger im College, haben sie *social life* zu erlernen. Sie werden in den **Junior Common Room** eingeführt, den Gemeinschaftsraum für Studierende, wo diese zu allen Tageszeiten miteinander Tee trinken, reden und fernsehen. Beim **Fresher's Blind** wird die Ankunft der Frischlinge gefeiert: Die Studierenden des zweiten und dritten Jahrgangs spendieren den Neuen einen Drink und weihen sie in die Geheimnisse der kleinen Possen und Gaunereien ein, die das Leben im College prägen.

Im *Oxford Handbook* wird dem Anfänger erklärt: „Wenn du es klug anstellst, brauchst du kaum zu arbeiten. Bist du aber dumm oder strebsam, so verstrickst du dich in zehn Stunden Arbeit pro Tag!" Früh sollen die Studierenden begreifen, dass sie keiner Lernfabrik beigetreten sind und das Leben nicht im Studierzimmer endet. Menschen mit weitem Horizont sind gefragt. Oxonians wissen, wie man sich die Zeit klug einteilt. Sie sind keine Fachidioten und suchen nicht nur auf akademischem Gebiet Erfolg.

Noch vor Studienbeginn findet die **Club- und Kontaktbörse** statt. An den Ständen der Fresher's Fair haben sich die neuen Studierenden zu entscheiden: 250 Aktivitäten bietet die Universität an – vom Rudern über Cricket und Golf bis zum Creative Writing und Theaterspiel. Die Neuankömmlinge sind verwirrt: So viele Clubs möchten sie kennenlernen, so viele sportliche und kulturelle Angebote wahrnehmen – und natürlich möchten sie abends in Kneipen gehen, Partytermine nicht versäumen. Zugleich wissen sie um die akademischen Verpflichtungen. Schon am Ende des ersten Studienjahres finden Prüfungen statt, die darüber entscheiden, ob sie am College bleiben dürfen. Viel Zeit werden sie in der Bibliothek verbringen müssen, um sich das erforderliche Wissen anzueignen.

Kummer bereitet auch die Aussicht auf das **Tutorium**. Jede Woche wird ihnen abverlangt, einen Essay zu verfassen, der mindestens fünf Seiten umfassen und unter Beweis stellen soll, dass sie fähig sind, wissenschaftlich zu arbeiten. Das Treffen mit dem Tutor ist das Herzstück des Studiums. Allein sitzt jeder Studierende dem Tutor gegenüber, muss Rechenschaft ablegen über den erzielten Lernfortschritt. 15 bis 20 Minuten werden benötigt, um den Essay vorzulesen, danach wird das Schriftstück Satz für Satz auseinandergenommen. Der Tutor moniert inhaltliche und formale Schwächen, unzureichende Beweisführung, Ausklammerung des eigenen Standpunkts. Muss im ersten Jahr nur ein Essay pro Woche geschrieben werden, so sind es im Folgejahr bereits zwei ...

Wie der Name **Trimester** verrät, ist das Studienjahr nicht in zwei, sondern in drei (achtwöchige) Abschnitte aufgeteilt: Michaelmas, Hilary, Trinity. Spannend ist es, in Oxford zu sein, wenn sich die **Prüfungen** nähern. Einigen Studierenden begegnet man dann in den Parks, wo sie sich – nicht nur, wenn sie sich unbeobachtet fühlen – in der Kunst der Rhetorik üben, lautstark deklamieren, was sie zuvor auswendig gelernt haben. Andere sitzen am Fluss und bereiten sich auf ihre Prüfung vor. „Oxford lends sweetness to labour and dignity to leisure." („Oxford verleiht der Arbeit einen süßen Beigeschmack, Muße wird hier etwas Würdevolles.") Der dies sagte, war der amerikanische Schriftsteller Henry James. Über 130 Jahre sind seitdem vergangen, doch in den Collegegärten und Höfen findet der Satz noch heute seine Bestätigung.

Der Anthropologe Desmond Morris nennt einen anderen Grund, in Oxford zu leben: „Die Stadt ist dem Denken geweiht, vor allem dem konstruktiv rebellischen." Für viele Studierende gehört der Aufenthalt in Oxford

◁ *Für einen kleinen Plausch im Café nehmen sich viele Studierende gern Zeit*

Vom langsamen Aufstieg der Frauen

Bis 1878 war Oxfords Universität eine Männerwelt. Danach durften Männer in „ihren“ Colleges zwar weiter unter sich bleiben, mussten aber erdulden, dass es spezielle Colleges für Frauen gab: Lady Margaret Hall und Somerville, bald auch St. Hugh's, St. Anne's und St. Hilda's. 1908 konnte erstmals eine Frauenrechtlerin, Millicent Garrett Fawcett, ein Referat vor dem Oxforder Debattierclub halten, worin sie für die Gleichberechtigung der Frau plädierte. Doch erst ab 1920 durften Frauen akademische Grade erwerben. Mit absurden Theorien suchten konservative Professoren das Eindringen von Frauen in ihre Herrschaftsdomäne abzublocken. Frauen, hieß es, seien von Natur aus weniger begabt als Männer, ihr intellektuelles Streben nicht auf universitäre Gegenstände gerichtet.

Erst 1964 erwarben Frauen das Recht, Mitglied der Oxford Union zu werden. Deren erste weibliche Präsidentin war 1977 Benazir Bhutto, die spätere Präsidentin von Pakistan. Dies war die Zeit, da in allen Colleges der endgültige Umbruch eingeläutet wurde. Die Machoideologie blieb zwar vorherrschend, doch so sehr sich die Männer auch wehrten, der Einzug der Frauen in „ihre“ Colleges war nicht aufzuhalten – als letzte Bastion fiel 1986 Magdalen College. Selbstverständlich konnten auch Frauencolleges nicht getrenntgeschlechtig bleiben, denn gleiche Ausbildungschancen gelten für alle und überall. 2006 musste sich St. Hilda's, das den Ruf hatte, eine Hochburg für Lesben zu sein, als letzte Frauenbastion dem gewandelten Zeitgeist beugen.

Heute sind in Oxford 47 % aller Studierenden, aber noch immer erst 24 % der Lehrenden Frauen. In John Dougills „Oxford's Famous Faces“ werden 29 Männer hervorgehoben, aber nur drei Frauen: die Schriftstellerin Iris Murdoch (1919–1999), die Premierministerin Margaret Thatcher (1925–2013) und die Politikerin und Friedensnobelpreisträgerin Aung San Suu Kyi aus Myanmar (geb. 1945).

zu den interessantesten und intensivsten Phasen ihres Lebens. In Cafés, Pubs oder im College treffen sie Gleichgesinnte und Andersdenkende, können mit ihnen stundenlang über Alltag und Politik, Liebe und Leid diskutieren. Es ist eine Zeit der Entdeckungen, intellektueller Wildwuchs gesellt sich zu Spiel und Narretei.

Und wem es auf der Spielwiese von Oxford zu eng wird, setzt sich in den Zug und erreicht nach gut einer Stunde **London, Weltstadt und Fluchtort.** Im ewig währenden Streit, wer denn klüger sei, die Studierenden aus Oxford oder aus Cambridge, spielt die Nähe zu London eine nicht unbedeutende Rolle. Die Oxonians, zetern die Studierenden aus Cambridge, seien den Verlockungen der Lasterstadt London erlegen, ihre Aufmerksamkeit werde zu sehr von weltlichen Dingen absorbiert. Die Studierenden aus Oxford kontern mit dem Argument, ihre Altersgenossen aus Cambridge seien hinterwäldlerisch, die geistige Erleuchtung, die ihnen zuteil werde, sei provinziell. Darum sei es nicht verwunderlich, dass die meisten britischen Premiers nicht in *The other town* (gemeint ist Cambridge), sondern in Oxford studiert haben …

0330x Abb.: gs

Von den Anfängen bis zur Gegenwart

Power and Glory: Oxford blickt auf eine ruhmreiche, über 1000-jährige Geschichte zurück. Aus Klöstern, die gottesfürchtige Gelehrte für den Königshof produzierten, gingen die Colleges hervor, in denen bis heute wissenschaftlich geforscht wird.

720: Frideswide, Oxfords erstes Kloster, entsteht nahe der Christ Church Meadow. In seinem Schutz lassen sich Handwerker, Händler und Bauern nieder.

912: In der Angelsächsischen Chronik ist erstmals von „Oxnaford" die Rede. Bauern trieben ihr Vieh zur „Ochsenfurt", um es an flacher Stelle überzusetzen.

⊡ *Wie Oxford zu seinem Namen kam: die Ochsen-Furt (Skulptur an der Saïd Business School in der Park End Street [H10])*

1066: Die angelsächsischen Truppen werden in der Schlacht von Hastings von den Normannen geschlagen. Wilhelm dem Eroberer gelingt es bis 1071, ganz England zu unterwerfen. Sein Statthalter in Oxford, Robert d'Oilly, lässt an der heutigen New Road eine Burg errichten. Es entstehen Zünfte und Gilden, die Stadt entwickelt sich zu einer wohlhabenden Handelsstadt.

1122–1129: Augustiner errichten in Oxford Klöster mit Lehranstalten.

1130: König Heinrich I. residiert im Beaumont Palace nahe dem heutigen Ashmolean Museum, vorübergehend werden hier die Regierungsgeschäfte getätigt. Gelehrte aus dem In- und Ausland bemühen sich um Anstellung.

1167: König Heinrich II. ruft nach einem Streit mit seinem französischen Amtskollegen Louis VII. alle englischen Studierenden von der Pariser Universität

zurück, „auf dass es dem Land künftig nicht an Personen mangele, die für den Gottesdienst in Kirche und Staat angemessen qualifiziert seien". Die akademischen Flüchtlinge bemühen sich um Aufnahme an Oxfords Klosterschulen.

13. Jh.: Unter dem Einfluss von Dominikanern und Franziskanern weitet sich die Lehrtätigkeit aus. Zentrum der sich herausbildenden Universität ist die Kirche St. Mary the Virgin. Hier finden wichtige Universitätszeremonien statt, anfangs auch Prüfungen. Ab etwa 1250 beginnen Bischöfe im Verbund mit Krone und Adel mit dem Aufbau von Colleges: autonomen Einheiten mit Aufenthalts- und Schlafräumen, Kapelle, Küche und Speisesaal. Unterrichtssprache ist Latein.

1349: Ein Drittel der Bevölkerung Oxfords fällt dem „Schwarzen Tod" *(Black Death)* zum Opfer.

1355: Bei Unruhen am St. Scholastica's Day werden 63 Studierende von „Städtern" erschlagen – die Akademiker sind aufgrund der Privilegien, die sie genießen, verhasst.

1361: John Wyclif, Theologe und Bibelübersetzer, steht dem Balliol College vor und attackiert die Doppelmoral des feudalen Katholizismus, kritisiert das Wohlleben des Klerus auf Kosten des englischen Volkes. Seine Lehre findet zahlreiche Anhänger, die sogenannten Lollarden. Als arme Priester ziehen diese durchs Land und predigen urkommunistische Ideale.

1381: Im Jahr der landesweiten Bauernrevolte wird dem Ketzer Wyclif auf Drängen des Papstes die Lehrbewilligung entzogen.

1478: Als erstes Buch wird in Oxford die Bibel gedruckt.

Ende 15. Jh.: Mit den Ideen der Renaissance meldet sich aufklärerisches Denken zurück. Ins Zentrum der Geschichte rückt der Mensch, seine Fähigkeit, die Welt zu begreifen und zu gestalten. An den Colleges vertieft man sich in Texte der griechischen Klassiker, Bibelexegese wird durch das wissenschaftliche Studium der Natur ersetzt. Der huma-

KURZ & KNAPP

Utopia mit tödlichem Ausgang

In seinem berühmten Roman „Utopia" beschreibt Thomas More mit beißender Schärfe die sozialen Ungerechtigkeiten seiner Zeit und kontrastiert sie mit dem Gegenentwurf einer humanen Gesellschaft. Doch sollte sich für ihn die idealistische Vorstellung eines weltlichen, aufgeklärten Monarchen als tödlicher Trugschluss erweisen: Als er sich 1535 weigert, König Heinrich VIII., dem er zuvor drei Jahre als Lordkanzler gedient hat, als Oberhaupt der englischen Kirche anzuerkennen, wird er hingerichtet.

nistische Diskurs *(New Learning)* kritisiert das Konzept eines „Königs von Gottes Gnaden". Erasmus, der 1498 nach Oxford kommt und Thomas More kennenlernt, ist von den Debatten begeistert.

16. Jh.: Die Politik der Tudor-Dynastie zielt auf die Schaffung einer königlichen Zentralgewalt, d. h. die Entmachtung der konkurrierenden Fürstentümer im Bündnis mit der Gentry, dem mittleren grundbesitzenden Adel, sowie dem städtischen Bürgertum mit der wohlhabenden Kaufmannsschicht. Handel, Schifffahrt und Manufaktur werden gefördert, in der Landwirtschaft beginnt ein Rationalisierungsprozess, der – zwecks Umwandlung von Acker- in Weideland – mit der brutalen Vertreibung englischer Bauern und Landarbeiter einhergeht.

1536: Kirchen und Klöster müssen schließen, Kaufleute erwerben enteignete Kirchengüter. Alle Mönche müssen Oxford verlassen, die (nun nichtklösterlichen) Colleges unterstehen fortan dem König als Oberhaupt der Anglikanischen Kirche, sind aber insofern „autonom", als sie selber, auch durch Landerwerb, für die Finanzierung von Lehre und Forschung zu sorgen haben. Nach Einführung von Studiengebühren können einzig die zahlungskräftigen Vertreter des Landadels und des aufstrebenden Bürgertums ihre Söhne auf die Universität schicken.

Wandgemälde im Blackwell's Bookshop 10: Heinrich VIII. hatte viele Frauen

Karl I. musste 1642 nach Oxford fliehen

127ox Abb.: Edward Bawden

1558–1603: Unter Königin Elisabeth I. verschmelzen Patriotismus, Protestantismus und bürgerlicher Unternehmergeist zu einer machtvollen Bewegung.
Die Anglikanische Kirche ist stark von den auf die weltliche Praxis orientierten Ideen Calvins geprägt: Als gottgefällig gilt, was der eigenen Bereicherung dient.

1603–1642: Unter der Herrschaft der katholischen Stuart-Könige blüht das akademische Leben, doch auf dem Lande wächst die Armut. Im Unterhaus mehren sich die Stimmen, die der Auffassung vom göttlichen Recht des Königs widersprechen. Die Puritaner stellen die Machtfrage: Soll der König uneingeschränkt herrschen dürfen oder gezwungen werden, dieses Recht mit einem von den oberen 5 % des Landes gewählten Parlament zu teilen?

1642–1649: Im 1642 ausbrechenden Bürgerkrieg stützt sich König Karl I. auf den

0360ox Abb.: gs

Erasmus und Morus: Huldigung großer Denker des Humanismus in Christ Church 25

älteren Feudaladel, die Fraktion der Puritaner auf den am Handel interessierten Landadel und die wohlhabenden Londoner Kaufleute. Oxford schlägt sich auf die Seite des Königs. Als dieser aus London fliehen muss, kann er seine Amtsgeschäfte im Christ Church fortführen. Die Studierenden bauen rings um Oxford einen Verteidigungsring. Als auch viele Bauern gegen den König Partei ergreifen, wendet sich das Blatt zugunsten der parlamentarischen, von Neuadel und Bürgertum geführten Bewegung. 1646 muss Karl I. sein Hauptquartier in Oxford verlassen, 1649 wird er hingerichtet.

1649–1660: Unter der Kanzlerschaft Oliver Cromwells wird der Lehrbetrieb von royalistischen, aber auch radikaldemokratischen Akademikern „gesäubert". Cromwell ist kein Anwalt der Armen: Soldatenräte, die sich ihre Sporen im Kampf gegen den König verdienten, gelten nun als *Levellers* (Gleichmacher). Ihre wichtigsten Anführer werden in Burford, 20 Meilen westlich von Oxford, hingerichtet.

1660–1688: Nach dem Tod Cromwells ermöglicht das Parlament die Restauration der Stuarts und leitet wieder eine anglikanisch-staatskirchliche Gesetzgebung ein. Karl II. (1660–1685) stützt sich auf das parlamentarische Lager der *Tories*, bei denen Vertreter der alten Großgrundbesitzeraristokratie dominieren. Gegen sie opponiert die protestantische Fraktion der *Whigs*, der Anwälte des freien Handels und kapitalistischer Wirtschaftsreformen.
Als Karls Nachfolger, sein streng katholischer Bruder Jakob II. (1685–1688), im ganzen Land wichtige Ämter mit Vertretern seines Glaubens besetzt, holt das Oberhaus Wilhelm von Oranien, den Mann der ältesten Tochter Jakobs II., als Regenten ins Land.

1688–1689: Glorious Revolution: In der Bill of Rights wird die Machtverteilung zwischen König und Parlament (zugunsten des Parlaments) neu festgelegt. Das Unterhaus geht aus freien Wahlen hervor, an denen auch weiterhin nur 5 % der Bevölkerung beteiligt sind. Presse und Rechtsprechung werden für unabhängig erklärt. Im nun etablierten System der *checks and balances* bleibt dem König einzig in den Fragen der hohen Politik die Entscheidungsbefugnis.

18. Jh.: Bürgertum und grundbesitzende Whig-Familien kontrollieren die Wahlen zum Unterhaus. Die Universität Oxford ist abgeschnitten von politischem Einfluss und nicht gewillt, sich der Geisteshaltung jener Zeit, dem bürgerlichen Utilitarismus, anzudienen. In der Folge sinkt die wissenschaftliche Reputation, viele Reiche ziehen es vor, ihre Söhne statt nach Oxford auf eine *Grand Tour*, eine mehrjährige Bildungsreise auf dem europäischen Kontinent, zu schicken.

1848: Ein Reformbündnis, dominiert vom Chartismus, der ersten politischen Massenbewegung britischer Arbeiter, fordert auf Streikversammlungen die Demokratisierung der politischen Verhältnisse Großbritanniens. Eine intellek-

Herrschertafel

Angelsachsen
- 827–836 Egbert
- 837–858 Ethelwulf
- 866–871 Ethelred I.
- 871–899 Alfred der Große
- 899–925 Eduard der Ältere
- 925–940 Ethelstan
- 959–975 Edgar
- 978–1016 Ethelred II.
- 1016 Edmund Ironside
- 1016–1035 Knut der Däne
- 1035–1040 Harold I.
- 1041–1042 Harthaknut der Däne
- 1042–1066 Eduard der Bekenner
- 1066 Harold II.

Normannen
- 1066–1087 Wilhelm I. der Eroberer
- 1087–1100 Wilhelm II. (Rufus)
- 1100–1135 Heinrich I.
- 1135–1154 Stephan I.

Haus Plantagenet
- 1154–1189 Heinrich II. (Kurzmantel)
- 1189–1199 Richard I. (Löwenherz)
- 1199–1216 Johann I. (Ohneland)
- 1216–1272 Heinrich III.
- 1272–1307 Eduard I.
- 1307–1327 Eduard II.
- 1327–1377 Eduard III.
- 1377–1399 Richard II.

Haus Lancaster
- 1399–1413 Heinrich IV.
- 1413–1422 Heinrich V.
- 1422–1461 Heinrich VI.

Haus York
- 1461–1483 Eduard IV.
- 1483 Eduard V.
- 1483–1485 Richard III.

Haus Tudor
- 1485–1509 Heinrich VII.
- 1509–1547 Heinrich VIII.
- 1547–1553 Eduard VI.
- 1553–1558 Maria I.
- 1558–1603 Elisabeth I.

Haus Stuart
- 1603–1625 Jakob I.
- 1625–1649 Karl I.

Protektorat (Commonwealth)
- 1653–1658 Oliver Cromwell
- 1658–1659 Richard Cromwell

Haus Stuart
- 1660–1685 Karl II.
- 1685–1688 Jakob II.
- 1689–1702 Wilhelm III. (von Oranien)
- 1702–1714 Anna

Haus Hannover
- 1714–1727 Georg I.
- 1727–1760 Georg II.
- 1760–1820 Georg III.
- 1820–1830 Georg IV.
- 1830–1837 Wilhelm IV.
- 1837–1901 Viktoria

Haus Sachsen-Coburg
- 1901–1910 Eduard VII.

Haus Windsor
- 1910–1936 Georg V.
- 1936 Eduard VIII.
- 1936–1952 Georg VI.
- 1952–2022 Elisabeth II.
- seit 2022 Charles III.

tuelle Abstützung seitens der Universität Oxford erfolgt nicht.

Ab 1854: Dank der Universitätsreform können sich die Colleges von mittelalterlichen Doktrinen befreien. Calvinistische Nonkonformisten, Katholiken und Juden dürfen erstmals seit 1662 wieder studieren.

1914–1918: Im Ersten Weltkrieg erweist sich der akademische Nachwuchs noch als überzeugt patriotisch. Forschung und Lehre kommen zum Erliegen, es gilt, sich den deutschen Truppen entgegenzustellen: Die Zahl der Studierenden sinkt von 1400 auf 369!

1939–1945: Im Zweiten Weltkrieg hält sich die Bereitschaft, für das Vaterland zu sterben, in Grenzen. Als Bomben der deutschen Wehrmacht auf englische Städte fallen, wird in Oxford der Lehrbetrieb nicht eingestellt. Man darf sich in dieser Stadt sicher fühlen, heißt es doch, Hitler habe sie als sein zukünftiges Hauptquartier auserkoren …

1965: In der Elite-Uni probt man den Verrat an den Vätern, kokettiert mit sozialistischen Befreiungstheorien. Mit Tariq Ali wird erstmals ein Marxist zum Präsidenten der Oxford Union gewählt.

1974: Die Tore der Machocolleges beginnen sich für Frauen zu öffnen.

1985: Oxfords Akademiker verweigern der Regierungschefin Margaret Thatcher die Ehrendoktorwürde.

1992: Die Autowerke in East Oxford werden zum Großteil geschlossen.

2008–2015: In der Krise rächt es sich, dass Großbritannien jahrzehntelang nur auf den Finanzplatz London gesetzt hat. Trotz Streichung vieler Sozialausgaben wächst das Staatsdefizit.

2020: EU-Austritt des Vereinigten Königreichs („Brexit"). Damit endet auch die Mitgliedschaft im EU-Binnenmarkt.

2023: Im World Universiy Ranking ist Oxford die Nr. 1 vor Harvard und Cambridge.

0657ox Abb.: © Tomd, dreamstime.com

Leben in der Stadt

Schon immer war das Verhältnis zwischen Universität und Stadt schwierig. Diese sonnt sich zwar gern im akademischen Glanz, empfindet aber die Gelehrtenrepublik in ihrer Mitte als Fremdkörper.

Town and Gown: Konflikte zwischen Studierenden und Städtern

Im Zentrum Oxfords befinden sich die altehrwürdigen Colleges mit ihren Gärten und Parks, in North Oxford – und weiter außerhalb in Boar's Hill und den White Highlands – leben die Wohlhabenden, die Profiteure des Systems. Ganz anders sieht es im Osten der Stadt aus, wo das „zweite" Oxford liegt, das mit dem „ersten" nur wenige Berührungspunkte hat: Hier leben die Köche und Kellner, die Putzfrauen und Gärtner der Colleges.

Jeden Morgen fahren sie mit dem Bus ins Zentrum, um es abends wieder zu verlassen – nur selten haben sie an seinem Glanz teil. So treffen in Oxford **zwei Lebenswelten** aufeinander – mit einem Modewort könnte man dies als *clash of cultures* bezeichnen. Um genauer zu verstehen, was hier abläuft, muss man sich über 800 Jahre zurückbegeben ...

Oxford war Ende des 12. Jh. so reich geworden, dass es sich mit königlicher Zustimmung *Town* (Stadt) nennen durfte. Die Abgaben, die früher an den Landadel zu entrichten waren, klagte nun die Krone in Form überhöhter Steuern ein. Doch auch die aus Paris eingeströmten Studierenden machten die Städter nicht froh. Statt den wirtschaftlichen Reichtum zu mehren, verschanzten sie sich hinter Büchern, sprachen Latein und kleideten sich in dunkle Roben *(Gown)* – was sollten die Städter davon halten? Sie hatten das Gefühl, für das leibliche Wohl einer steigenden Zahl von Studierenden sorgen zu müssen, ohne dass diese sich bemühten, Sitten und Bräuche der Gemeinde zu respektieren. Zugleich bestand wenig Aussicht, Gesetzesverstöße der Studierenden zu ahnden, da diese dem besonderen Schutz der Kirche unterstanden.

Viele Städter waren deshalb unwillens, Studierende bei sich aufzunehmen. Wollten diese von ihrem „Recht auf Wohnung" Gebrauch machen, kam es oft zu handgreiflichen Auseinandersetzungen. Die Proteste verschärften sich aufgrund des wirtschaftlichen Niedergangs zahlreicher Gilden, gleichzeitig wuchs die soziale Verzweiflung im Gefolge der Pestepidemie, die 1349 ein Drittel der Bevölkerung hinwegraffte. Da reichte ein

⌃ *Blick auf Oxford: überschaubar und beschaulich*

harmloser Funke, um das Pulverfass zur Explosion zu bringen. Das arrogante Auftreten einiger Studierender am Carfax löste das größte **Blutbad** in der Geschichte Oxfords aus: Am St. Scholastica's Day 1355 wurden 63 Studierende von aufgebrachten Städtern getötet. Oxfords Bürger wurden daraufhin der universitären Rechtsprechung unterstellt und hatten der Universität ein jährliches Strafgeld zu zahlen – 475 Jahre blieb dieses Gesetz erhalten!

Stadtentwicklung am Beispiel North Oxford

In der zweiten Hälfte des 18. Jh. begann sich die Stadt über ihre Grenzen auszudehnen. 1759 wurde in der Woodstock Road das nach dem Arzt John Radcliffe benannte Krankenhaus erbaut, 13 Jahre später das Radcliffe-Observatorium. Der Oxford-Kanal entstand 1790 und verband die Stadt mit dem Kohlelieferanten Coventry – für die Bevölkerung taten sich neue Arbeitsfelder auf. 1825 entstand nahe der Walton Well Road [G8] ein Eisenstahlwerk, ein Jahr später kam die Universitätsdruckerei (Oxford University Press) in die Walton Street [H9]. Sie wurde wichtigster Arbeitgeber, in die Häuser ringsum zogen Druckereiangestellte, Handwerker und Tagelöhner.

Das mächtige St. John's College, dem weite Ländereien in Nord-Oxford gehörten, war an Industrieprojekten nicht interessiert. Erfolgreich widersetzte es sich dem Versuch, eine Eisenbahnlinie über St. Giles zu verlegen und auch hier Industrie anzusiedeln. Bald begann es selber, Wohnviertel anzulegen. Ärzte, Anwälte und Architekten ließen sich in der Beaumont Street [I9] nieder, Kaufleute und Bankiers zogen in Villen an der Banbury Road [I7/8]. Seit es Professoren 1874 erlaubt war zu heiraten, zogen viele von ihnen gleichfalls hierher. In den kleineren Häusern der Kingston Road [G7/8] lebten Ladenbesitzer, Handwerker und Kleinhändler, in der Gegend um Norham Manor [I8] die Angestellten der Colleges. So erklärt sich, dass North Oxford heute als **ruhiges, abgeschiedenes Viertel** erscheint. Es erstreckt sich von St. Giles bis Summertown, mit seinen Grünflächen und einzelstehenden Häusern erinnert es an Hampstead, die Gartenvorstadt Londons.

Einen eigenen Charakter bewahrte sich auch **Jericho** [G/H8], der ab 1825 erschlossene Wohnbezirk zwischen Oxford-Kanal und Walton Street. Statt nobler Villen stehen hier kleine Häuser, statt reicher Rentiers lebt hier ein Mix von Studierenden, Künstlern und Angestellten. Dazu gesellen sich die Boat People, die in langen Hausbooten auf dem Kanal leben. Ob sie noch in zehn Jahren hier sein werden, ist fraglich, denn im Rathaus werden Pläne zur Stadterneuerung geschmiedet.

Die Ära Morris

Eine wichtige Bedeutung vor allem für East Oxford spielte William Richard Morris (1877–1963). Er begann seine Karriere 1891 als Lehrling in einer Reparaturwerkstatt im östlichen Vorort Cowley, machte sich dann selbstständig und fasste ab 1910 die Produktion von Autos ins Auge. Schon drei Jahre später wurde der erste Pkw verkauft (ein „Morris Oxford"), bis 1930 entwickelte sich Morris zum **bedeutendsten Automobilhersteller Englands.** Die Produktion stieg auf über 100.000 Autos pro Jahr an, alle

Bewohner der Stadt hatten Arbeit. Sie erlebten den Aufschwung der Autoindustrie als Befreiung. Zum ersten Mal nach 700 Jahren fühlten sie sich unabhängig von der Universität, brauchten sich den Colleges nicht als Arbeitskraft anzudienen.

Die Universität war von der Entwicklung in Cowley wenig begeistert, „Motopolis" schimpfte der Schriftsteller John Betjeman die hässlichen Gebilde im Osten. 1938 wurde Morris geadelt, der Autofabrikant durfte sich nach einem von ihm bewohnten Landgut in Oxfordshire Lord Nuffield nennen. Nach dem Jahr 1945 kamen mit dem Morris Minor und dem Austin Mini weitere Erfolgsmodelle auf den Markt, die Zahl der Beschäftigten stieg auf 28.500 an. Im Jahr 1949 überwand der Auto-Zar Morris seine Aversion gegen die Universität und stiftete das Nuffield College. Drei Jahre später zog er sich ins Privatleben zurück – kurz zuvor fusionierte seine Firma mit der Austin Motor Company zur British Motor Corporation (BMC), dem damals viertgrößten Automobilhersteller der Welt. Nach Einverleibung kleiner Konkurrenten (zum Beispiel Jaguar) ging BMC 1968 in British Leyland über, wenig später, bereits geschüttelt von internen Krisen, entstand daraus die Rover Group.

Niedergang der Autoindustrie

Morris Minor und Morris Marina: Beide Autotypen hatten der Region Wohlstand verschafft und ein ökonomisches Gegengewicht zur Universität gebildet. Mit Rover dagegen wird Niedergang assoziiert. 1992 schlossen zwei große Montagewerke, Autos wurden nur noch auf einer Anlage der früheren Pressed Steel Works weitergebaut.

1994 erwarb BMW das Restunternehmen und produzierte den Luxuswagen Rover 75 – mit nur mäßigem Erfolg. Erst seit dem frühen 21. Jh. geht es wieder bergauf: Der neue Mini ist auf dem Weltmarkt begehrt, für die Produktion benötigt BMW allerdings nur ein Zehntel der ehemals 28.500 Beschäftigten. Gegenwärtig gibt es in Oxford knapp 4 % Arbeitslose, in den Stadtvierteln Cowley, Blackbird Leys und Risinghurst sind es aber über 10 %. In den letzten Jahrzehnten haben viele Familien ihr Budget durch die **Beherbergung von Sprachschülern** aufgebessert. Da die Bezahlung meist nicht üppig ist, bemühen sie sich um Aufnahme mehrerer Schüler gleichzeitig. Manch eine Sprachschule, die in ihren Unterlagen verspricht, der Gastschüler werde in seiner Familie „only German guest" sein, sagt die Wahrheit: Der deutsche Schüler teilt sich den Raum mit zugereisten Schülern aus Italien, Spanien und anderen Ländern. Und oft spricht die Gastfamilie einen gar schrecklichen Oxford-Akzent: die demokratische Antwort der Arbeiter auf das exemplarisch korrekte College-English.

Aufschwung von Naturwissenschaften und Technik

Angesichts immer **knapper werdender öffentlicher Kassen** hat die Universität begonnen sich umzuorientieren. Vorbei ist die Zeit, da Fördergelder vor allem in geistes- und sozialwissenschaftliche Projekte flossen. Eingeleitet wurde diese Entwicklung bereits im Jahre 1981, als die damalige Regierungschefin Margaret Thatcher die staatlichen Fördergelder drastisch kürzte.

Sprachschulen – ein blühender Wirtschaftszweig

Oxford, jener erlauchten Stätte des Lernens, eilt der Ruf voraus, hier werde das beste Englisch der Welt gesprochen – schließlich wird ja hier auch das Oxford English Dictionary hergestellt. Da überrascht es nicht, dass sich der Sprachtourismus in dieser Stadt zu einem blühenden Wirtschaftszweig entwickelt hat. Ungeachtet der Tatsache, dass auch in Oxford lediglich von einer Minderheit korrektes und wirklich dialektfreies Englisch gesprochen wird, strömen alljährlich Tausende von Sprachschülern hierher, um ihr Englisch zu verbessern.

Mehr als 60 englische und deutsche Sprachschulen (einschließlich „schwarzer Schafe") konkurrieren um die Gunst der Ausländer. Die Mehrzahl der deutschsprachigen Schüler zieht es vor, mit einem Unternehmen des eigenen Landes nach Oxford zu reisen. Es hat sich herumgesprochen, dass es nicht unbedingt von Vorteil ist, in einer Lerngruppe zusammen mit Franzosen, Spaniern, Japanern und Polen unterrichtet zu werden. Zu unterschiedlich ist das Lernniveau, zu unterschiedlich auch die Erwartungen, die aufgrund der Prüfungsanforderungen in den jeweiligen Ländern an einen erfolgreichen Kurs gestellt werden.

Weil Eltern daran interessiert sind, dass ihr Sohn oder ihre Tochter nach der Rückkehr aus England eine bessere Note im Zeugnis stehen hat, vertrauen sie ihren Zögling lieber einem deutschen Kursleiter an, der die Anforderungen des einheimischen Schulwesens genau kennt und den englischen Tutoren erklären kann, worauf in deutschen Schulen besonders viel Wert gelegt wird: beispielsweise wie man dort einen Comment schreibt, wie man einen Zeitungsartikel analysiert, ein Gedicht oder eine Kurzgeschichte interpretiert.

In der Regel belegen Schüler einen dreiwöchigen Kurs, leben als einziger deutscher Gast in einer englischen Familie und werden in vorzugsweise kleinen Lerngruppen von englischen Tutoren sowie dem deutschen Kursleiter unterrichtet. Sie werden auf der Hin- und Rückreise begleitet und vom ersten bis zum letzten Kurstag betreut. Das Zusammensein mit der deutschen Gruppe schafft Vertrautheit, verführt freilich die Schüler dazu, sich der Mühe zu entledigen, Kontakt mit Engländern zu suchen.

Der sorgfältigen Auswahl der Gastfamilien durch die jeweilige Sprachschule kommt besondere Bedeutung zu: Die Familie ist oft der einzige Ort, an dem freies Sprechen erprobt werden kann. Nur hier wird der Schüler unter konkreten sprachlichen Handlungszwang gesetzt, hier darf er eintauchen in ein ihm nicht vertrautes kulturelles Umfeld.

Unter den Regierungen Blair (1997–2007), Brown (2007–2010), Cameron (2010–2016) und May (2016–2019) setzte sich diese Tendenz fort – ein *Funding Council* überprüft rigide die Verwendung staatlicher Zuschüsse. Es heißt nun: Tut der Forscher, was er liebt, nicht was ihm nützt, wird er von dem, was ist, nicht unterstützt.

Genau darauf hat sich nun auch Oxford – später als Cambridge – eingestellt. Verstärkt wird in **Informations- und Biotechnologie** investiert, die La-

Worauf bei der Buchung eines Sprachkurses zu achten ist

- Ist sichergestellt, dass ich allein oder wenigstens als „einziger deutscher Schüler" in der Gastfamilie untergebracht bin?
- In welchem Teil der Stadt werde ich wohnen?
- Wie weit ist es von der Wohnung der Gastfamilie zur Schule? Entstehen dadurch zusätzliche Kosten?
- Habe ich Anspruch auf Halbpension oder volle Verpflegung?
- In welchem Gebäude Oxfords findet der Unterricht statt?
- Wie viele Unterrichtsstunden bietet das Sprachreiseunternehmen an?
- Wie lange dauert eine Unterrichtsstunde?
- Auf wie viele Schüler sind die Lerngruppen beschränkt?
- Über welche akademische Qualifikation verfügen die eingesetzten Kursleiter und Tutoren?
- Ist das Unterrichtsmaterial im Preis eingeschlossen?
- Gibt es in Oxford einen Betreuer, an den ich mich immer wenden kann?
- Welche Teile des Freizeitprogramms sind im Kurspreis enthalten?
- Behält sich der Veranstalter das Recht vor, bei „nicht ausreichender" Teilnehmerzahl den Kursort gegen einen anderen einzutauschen?
- Wird die Anzahlung (max. 10 %) vor oder nach der Anmeldebestätigung verlangt?
- Erfolgt die Restzahlung erst bei Übergabe der kompletten Reiseunterlagen?
- Wird zusammen mit der Buchungsbestätigung der Sicherungsschein gegen das Konkursrisiko ausgehändigt (§651k BGB)?

Auswahl an Sprachschulen mit Ansprechpartnern in Deutschland

- **Dr. Steinfels,** Tel. 06202 9384890, www.steinfels.de
- **EF,** Tel. 0211 68857000, www.ef.de
- **fee,** Tel. 0711 2293130 (Mo.–Fr. 8–20 Uhr), www.fee-sprachreisen.de
- **iST,** Tel. 06221 8900-0, www.sprachreisen.de
- **Kaplan International,** Tel. 08000010549, www.kaplaninternational.com/de
- **OISE,** Tel. 06221 4340480, www.oise.com

Auswahl an Sprachschulen vor Ort

- **Lake School of English,** Tel. 01865 724312, www.englishinoxford.com
- **Oxford English Centre,** Tel. 01865 516162, www.oxfordenglish.co.uk
- **Abacus College,** Tel. 01865 240111, www.facebook.com/abacuscollege
- **St. Clare's Oxford,** Tel. 01865 552031, www.stclares.ac.uk

boratorien der Science Area nördlich der South Parks Road dürfen frohlocken. Schon hört man, dass verstärkt Facharbeiter nach Oxford kommen, um ihr Geld in den außerhalb der Stadt gelegenen Hightechindustriezentren zu verdienen. Vorbild der neuen College-Strategie ist die Harvard University. Die amerikanische Eliteuniversität, so liest man, habe beispielhaft gezeigt, wie sich der Umsatz aufgrund der Zusammenarbeit mit Genetik-Engineering-Firmen binnen weniger Jahre vervielfacht.

Studieren in Oxford

Wer 18 Jahre alt ist und über gute Englischkenntnisse verfügt, kann an den von der Universität organisierten **Sommerkursen** teilnehmen. Besonders begehrt sind Kurse am Christ Church und New College (dreiwöchiger Kurs ab 1000 £). Wer ein ganzes Jahr in einem College wohnen und studieren will, informiert sich über die anfallenden Gebühren auf der offiziellen Seite der Universität: www.ox.ac.uk/feesandfunding/fees. Die Bewerbungsunterlagen sollte man ein Jahr im Voraus anfordern:

› **University of Oxford, University Offices,** Wellington Square, Oxford OX12JD, Tel. 01865 270000, www.ox.ac.uk

› **Oxford Brookes University,** ICELS Building, Gipsy Lane (Headington), Oxford OX30BP, Tel. 01865 741111, www.brookes.ac.uk. Geringer sind die Kosten für ein Studium an der staatlichen Oxford Brookes University im Stadtteil Headington. Auch hier können sich Geistes- und Naturwissenschaftler bewerben, die Lernatmosphäre ist entspannter als an den Colleges.

› **Deutscher Akademischer Austauschdienst (DAAD),** Kennedyallee 50, 53175 Bonn, Tel. 0228 8820, www.daad.de. Um in den Genuss von Stipendien zu kommen, wendet man sich an den DAAD.

128ox Abb.: gs

Auch Geschenke von dubiosen Milliardären sind immer willkommen: Leonard Blavatnik, nach dem Zerfall der Sowjetunion mit russischem Aluminium und sibirischem Erdöl steinreich geworden, spendete der Universität für mindestens 50 Mio. Pfund eine „School of Government", die seinen Namen trägt (s. S. 40).

Derweil stagniert die britische Wirtschaft, in der Universität werden Fördergelder weiter gekürzt. Nicht nur in der Oxford Union (s. S. 43) diskutiert man über die Zukunft des Landes nach dem „Brexit", den Ausstieg des Landes aus der EU.

Kein Betsaal, sondern Bibliothek: die Bodleian Library 9

PRAKTISCHE REISETIPPS

073ox Abb.: sm

An- und Rückreise

Mit dem Flugzeug

Von vielen Flughäfen Mitteleuropas gibt es Direktverbindungen in die britische Metropole London. Die meisten Linienmaschinen haben das westlich von London gelegene **Heathrow** (LHR, www.heathrow.com) zum Ziel, seltener das südlich gelegene **Gatwick** (LGW, www.gatwickairport.com). Sogenannte Billig-Airlines landen vor allem in den nördlich der Hauptstadt gelegenen Airports **Luton** (LTN, www.london-luton.co.uk) und **Stansted** (STN, www.stanstedairport.com).

Von Londons Flughäfen geht es am besten **per Bus nach Oxford weiter:** alle 20 bis 30 Minuten ab Heathrow (Busbahnhof für Terminal 1–3 und 5, Terminal 4 separat, Fahrtdauer 80 Min.), stündlich ab Gatwick (Terminal South, Fahrtdauer zwei Stunden) und etwa achtmal täglich ab Luton und Stansted (Fahrtdauer drei Stunden). Das Busticket kauft man online oder direkt beim Fahrer. Zur Wahl stehen außer der einfachen Fahrkarte ein *Day Return Ticket* (Hin- und Rückfahrkarte, nur einen Tag gültig) sowie ein *Flexible Return Ticket* (Hin- und Rückfahrkarte, max. drei Monate gültig). Mit 35 £ ist das *Flexible Return Ticket* von/nach Heathrow (bzw. 45 £ von/nach Gatwick) am günstigsten, Kinder von 5 bis 15 Jahren sowie Senioren ab 60 Jahren erhalten 50 % Rabatt. Die Busse halten u. a. am Busbahnhof am Gloucester Green 41.

- Oxford Bus Co. (The Airline LHR Heathrow Airport bzw. The Airline GGW Gatwick Airport), Tel. 785400, www.oxfordbus.co.uk/airline
- National Express, Tel. 08705 808080, www.nationalexpress.com

129ox Abb.: gs

Eine Alternative ist die **Weiterfahrt per Zug:** Vom Flughafen Luton fährt alle zehn Minuten ein **kostenpflichtiger Shuttle** in sechs Minuten zum Bahnhof Luton Airport Parkway, von dort geht es mit dem Zug 30 Minuten nach London St. Pancras, weiter mit der U-Bahn nach Paddington und im Zug eine Stunde zur **Oxford Station** [G10].

Auch Stanstead hat einen Zuganschluss. Mit dem Stansted Express (www.stanstedexpress.com) gelangt man alle 15 Minuten zum Londoner Bahnhof Liverpool Street, muss dann aber in die U-Bahn umsteigen, um zur Londoner Paddington Station zu kommen. Von dort braucht man noch eine Stunde mit dem Zug nach Oxford.

Nicht zu empfehlen ist die Zugfahrt von Heathrow via London-Paddington nach Oxford: Sie ist umständlich und teuer.

Bedenken Sie bitte, dass als Vorsorgemaßnahme gegen Terroranschläge die Bahnhöfe in London und Oxford nicht über Schließfächer verfügen. Doch es gibt Gepäckaufbewahrungsbüros, die sich ihre Dienste teuer bezahlen lassen.

Oxford und London bestens vernetzt: Busbahnhof Gloucester Green 41

Vorseite: Reichlich schräg – Alice's Day in Oxford – jedes Jahr am ersten Wochenende im Juli

Mit dem Zug

Die schnellsten Verbindungen nach Oxford laufen über Brüssel-Midi. Dort muss man umsteigen in den reservierungspflichtigen Eurostar via Tunnel nach London St. Pancras (www.eurostar.com). Weiter geht es mit der U-Bahn (Circle Line) bis zum Bahnhof London Paddington Station. Von hier fahren Züge zwischen 6 und 24 Uhr etwa halbstündlich nach **Oxford Station** [G10]. Für die gesamte Strecke sind z. B. ab Frankfurt 9–11 Stunden einzuplanen.

› Infos im Internet: www.bahn.de und www.thetrainline.com

Mit dem Auto

Wer mit eigenem Auto anreist, benötigt den nationalen Führerschein, Fahrzeugschein und die Grüne Versicherungskarte. Die wohl wichtigste **Fährverbindung** ist jene zwischen Calais und Dover, es konkurrieren P&O Ferries (www.poferries.com) und DFDS Seaways (www.dfds.com). Die Preise sind abhängig von Reisezeit und Fahrzeugtyp.

Schneller und komfortabler ist die Anfahrt durch den 1994 in Betrieb genommenen **Kanaltunnel**, auch Chunnel genannt (= Wortschöpfung aus *Tunnel* und *Channel*). Dabei nutzt man den rund um die Uhr und tagsüber im 15-Minuten-Takt verkehrenden „Eurotunnel Le Shuttle", einen Doppeldeckerzug, der Calais mit Folkestone verbindet (www.eurotunnel.com).

Autofahrer sollten Tickets **im Vorhinein online** buchen (bis zu 50 Überfahrten am Tag). Dann können sie sich während der Zugreise 35 Minuten ausruhen und in Folkestone ihre Fahrt auf der englischen Autobahn M-20 fortsetzen.

Mit **Staus** ist insbesondere am späten Nachmittag auf der London Ring Road zu rechnen, ruhiger wird es auf der M-40 nach Oxford. Das dortige Stadtzentrum wurde verkehrsberuhigt, zudem gibt es nur wenige Parkhäuser (siehe „Autofahren")!

Autofahren

Angesichts der geringen Flugkosten lohnt es kaum, für eine Kurzreise nach Oxford den eigenen Wagen mitzunehmen. Interessanter ist da schon, ein Auto am Flughafen zu mieten. An allen Airports gibt es Büros der wichtigsten Autoverleihfirmen, die den Konkurrenzkampf mit „Special Offers" austragen. Die Wochenmiete für einen Kleinwagen beträgt je nach Jahreszeit und Firma ab 190£. Im Internet lohnt ein Blick auf die Übersichtsseite **www.uk-carhire.net** oder auf die Websites der führenden Unternehmen.

Abgesehen vom **Linksverkehr** gibt es keine großen Abweichungen von den bei uns üblichen Verkehrsregeln. Autos im Kreisverkehr haben Vorfahrt und fahren im Uhrzeigersinn. Es gelten die folgenden Höchstgeschwindigkeiten:

- **Ortschaften:** 30 mph = 48 km/h
- **Landstraßen:** 60 mph = 96 km/h
- **Autobahnen:** 70 mph = 112 km/h

Es gibt in Südengland ein dichtes Netz von **Tankstellen**, an denen man normalerweise bar, per Debitkarte oder Kreditkarte zahlen kann. Der Kraftstoff Premium Unleaded entspricht Super E5 (95 Oktan), Super Unleaded entspricht Super Plus (95–100 Oktan), Diesel nennt man ebenfalls Diesel bzw. Derv. Sprit ist in England deutlich teurer als in Deutschland.

Die **zentrale Notrufnummer** für Polizei, Ambulanz und Feuerwehr ist **Tel. 999.** Bei einer **Panne** wende man sich an den ADAC und den Service der nationalen Automobilclubs:

- **ADAC,** Tel. 0049 89222222, www.adac.de
- **Royal Automobile Club RAC,** Tel. 0330 1591111, www.rac.co.uk
- **Automobile Association AA,** Tel. 0844 7741254, www.theaa.com

Im Zentrum von Oxford ist das Autofahren schwierig, überall stößt man auf Verbotssignale. Weiße Zickzacklinien vor und hinter Fußgängerübergängen zeigen an, wo das Parken absolut verboten ist. Eine gelbe Linie am Bordsteinrand signalisiert Parkverbot, zwei gelbe Linien bedeuten Halteverbot.

Es gibt nur wenige Parkplätze und Parkhäuser, z. B. in Gloucester Green [I10], Worcester Street, Westgate [I10/11] und St. Clements [L11]. Längs der Umgehungsstraße *(Bypass Road)* wurden fünf **Park-and-ride-Parkplätze** eingerichtet, von denen man alle 10 bis 30 Min. mit Bussen ins Zentrum gelangt (www.parkandride.net, Fahrtdauer 15 Min., Ticket ist beim Kauf einer Rückfahrkarte billiger, bis etwa 20 Uhr):

- **Norden:** Bus 300 Peartree P&R (A40/M40)
- **Osten:** Bus 400 Thornhill P&R (M40)
- **Süden:** Bus 300 Redbridge P&R (A34/A4)
- **Westen:** Bus 400 Seacourt P&R (A420)

Barrierefreies Reisen

Eine sehr gute Hilfe ist der bei der Touristeninformation (s. S. 106) erhältliche **„Accessible Oxford Guide"**, in dem man auf über 50 Seiten erfährt, wo man z.B. als Rollstuhlfahrer problemlos Zugang hat (z.B. zu allen Museen außer der Christ Church Picture Gallery), wie behindertenfreundlich Hotels und Restaurants ausgestattet sind, was es im Verkehr, auf der Post und in Banken zu beachten gilt.

Viele der eingesetzten Oxford-Busse haben *low-floor access* (ausfahrbare Rampe bzw. Hublift) und sind deshalb auch für Rollstuhlfahrer zugänglich. Zusätzlich gibt es in Oxford einen speziellen „Ring-a-Ride"-Service für alle, die mit einem normalen Bus nicht fahren können. Buchungen bis sieben Tage im Voraus unter Tel. 0044 1865 744478, der Minibus ist Mo.–Fr. 8–18.30 Uhr und Sa. 9–17.30 Uhr innerhalb der gesamten Stadt im Einsatz. Ein Begleiter darf dabei sein.

› **Weitere Informationen:** https://oxfordcity.co.uk/about-oxford/disability-information

Diplomatische Vertretungen

› **Deutsche Botschaft,** 23 Belgrave Square, London SW1X 8PZ, Tel. +44 (0)20 78241300, www.uk.diplo.de
› **Österreichische Botschaft,** 18 Belgrave Mews, London SW1X 8HU, Tel. +44 (0)20 73443250, www.bmeia.gv.at
› **Schweizer Botschaft,** 16–18 Montagu Place, London W1H 2BQ, Tel. +44 (0)20 76166000, www.eda.admin.ch/london

Einreisebestimmungen

Im Zuge des **Brexits** haben sich die Einreisebestimmungen von Großbritannien verschärft. Für EU-Bürger und Schweizer ist ein **Reisepass** nötig, der mindestens für die Dauer des Aufenthalts gültig sein muss. Für eine Aufenthaltsdauer von weniger als sechs Monaten wird in aller Regel kein Visum benötigt.

EU-Studierende müssen (vorab) ein Studierendenvisum beantragen, wenn der geplante Aufenthalt sechs Monate überschreitet.

› **Weitere Infos:** www.gov.uk/guidance/visiting-the-uk-as-an-eu-eea-or-swiss-citizen, www.gov.uk/student-visa

Informationen zu den **Zollfreigrenzen** bei der Rückreise finden sich online unter www.zoll.de, www.bmf.gv.at/themen/zoll/reise bzw. www.bazg.admin.ch.

Elektrizität

220-Volt-Wechselstrom ist in England die Regel. Um aber den mitgebrachten Fön zu benutzen, benötigt man einen **dreipoligen Zwischenstecker** *(plug with three pins),* in den der zweipolige Kontinentalstecker hineinpasst. Sofern man ihn nicht schon zu Hause besorgt hat, bekommt man ihn in allen englischen Geschäften, die Haushaltswaren führen.

Geldfragen

Großbritannien ist **kein billiges Reiseland.** In Oxford zahlt man für Unterkunft, Verpflegung und Transport 30 bis 40 % mehr als etwa in Deutschland.

In Großbritannien wird das **Britische Pfund** (Pound Sterling, Abk. £) verwendet, ein Pfund besteht aus 100 pence. Mit der **Debitkarte** oder **Kreditkarte** kann man an **Geldautomaten** (ATM) Bargeld abheben und auch fast überall bezahlen. Vie-

Oxford preiswert

Der Eintritt in viele Colleges ist frei, zahlen muss man beispielsweise im Christ Church, Magdalen und New College (mit Ermäßigungen für Kinder, Studierende und die über 60-Jährigen). Beim Besuch einer Open-Air-Aufführung oder der täglichen Messe bzw. Abendandacht ist kein zusätzlicher Eintritt zu entrichten. Gratis sind während der Semesterzeit die täglich zwischen 17.15 und 18.45 Uhr in mehreren Colleges und Pfarrkirchen stattfindenden Choral Evensongs. Kostenlos kommt man auch in die staatlichen Museen – bleibt zu hoffen, dass sich dies auch in Zukunft nicht ändert. Relativ günstig isst man in den vielen Bistros und Cafés, auch das Pub Food reißt kein großes Loch ins Portemonnaie.

le Banken sperren die Debitkarten (auch Girocard genannt) allerdings aus Sicherheitsgründen für den Einsatz im Nicht-EU-Ausland. Außerdem statten einige deutsche Banken ihre Debitkarten mit der Bezahlfunktion **V PAY** aus, die in Großbritannien unter Umständen nicht funktioniert. Wer im Ausland mit seiner Debitkarte bezahlen oder Bargeld abheben möchte, sollte sich im Vorfeld bei seiner Bank erkundigen und die Karte gegebenenfalls für das Reiseland freischalten lassen.

Beim Abheben von Bargeld in Landeswährung wird manchmal angeboten, dass die Abrechnung gleich in Euro bzw. Franken erfolgt. Das Verfahren ist als **Dynamic Currency Conversion (DCC)** bekannt. Wählt man diese Option, die ja sicherer erscheint, wird aber ein **ungünstiger Wechselkurs** zugrundegelegt, der erhebliche Kosten verursachen kann. Deshalb sollte man Abhebungen immer in der Landeswährung vom eigenen Konto abbuchen lassen. Dann legt die eigene Bank den offiziellen Devisenkurs zugrunde.

Wechselkurs
(Stand: Mai 2023)

1 £	1,13 €/1,12 SFr
1 €	0,88 £
1 SFr	0,89 £

Die in Großbritannien gängigsten **Kreditkarten** sind Visa und Mastercard. Sie werden von Hotels und Gästehäusern, Restaurants, Geschäften, Tankstellen und Autovermietungen akzeptiert.

Bezüglich der eventuell anfallenden Gebühren sollte man sich vorher bei seiner Bank erkundigen. Zudem muss man seine **PIN** wissen, da eine Zahlung mit Unterschrift nicht mehr gängig ist.

Informationsquellen

Zu Hause

Die britische Fremdenverkehrszentrale **Visit Britain** gibt auf ihrer Website **www.visitbritain.org** viele nützliche Informationen für die Planung eines England-Urlaubs wie Unterkunfttipps, Vorschläge für Freizeitaktivitäten und Routenvorschläge.

Über den **Visit Britain Shop** kann man schon vor der Reise Zugtickets oder Karten für Sightseeingtouren erwerben.

› www.visitbritainshop.com/de/de

Unsere (Krimi-)Literaturtipps

Inspektor Morse liegt mit einem Magendurchbruch im Krankenhaus und weiß nicht, wie er die Zeit totschlagen soll. Eher zufällig stößt er auf einen Fall, der schon Ewigkeiten zurückliegt und nie aufgeklärt wurde. Es handelt sich um eine Frau, die im Jahr 1845 tot aus dem Oxford-Kanal gefischt wurde. Inspektor Morse beginnt, sich für den Fall zu interessieren ...

„Mord am Oxford-Kanal" ist einer von 13 Romanen, deren Geschichte in und um Oxford spielt, verfasst von dem in Oxford verliebten **Colin Dexter** (1930–2017). Dank des vom Autor erschaffenen Hauptprotagonisten, **Inspektor Morse,** sind sie in aller Welt bekannt. Morse ist ein kurioser und gebildeter Einzelgänger, der viel trinkt, sich gegenüber seinen Untergebenen als Boss aufspielt, das Dunkle verfolgt und doch selber kein Saubermann ist. Seine Liebe zur klassischen Musik, ganz besonders zu Wagner, teilt er mit seinem Erfinder – wohl nicht zu Unrecht wird dem Autor unterstellt, er sei mit dem Inspektor bis zu einem gewissen Grade identisch.

Colin Dexter, ein graduierter Altphilologe, studierte in Cambridge, bevor er in die ewige Konkurrenzstadt Oxford übersiedelte und ihr über 80 literarische Morde bescherte. Bevor er sich aufs Schreiben verlegte, war er Vorsitzender des Prüfungsausschusses der Universität. Eine seiner Aufgaben war es, Betrügereien der Studierenden auf die Schliche zu kommen – im Roman „Die schweigende Welt des Nicholas Quinn" ist darüber einiges nachzulesen. Doch bei Dexter geht es nie allein um die Collegewelt. Der Autor führt den Leser auch in die weniger farbige Welt der Reihenhäuser, in den Alltag, hinter dem sich das Grauen versteckt. Seine Bücher wurden für Film und Fernsehen adaptiert und Dexter war bis zu seinem Tod die wohl bekannteste Person Oxfords – die „Morse-Stadttouren" sind immer noch oft Wochen im Voraus ausgebucht.

Wer es lieber weiblich mag, greift z. B. zum Roman „Aufruhr in Oxford" von **Dorothy Leigh Sayers** (1893–1957). Eine 35-jährige Frau kehrt an den Ort ihres Studiums zurück. Während eines Fests in dem ausschließlich von Frauen bewohnten College geschehen merkwürdige Dinge: Es kursieren Morddrohungen, Wände werden mit obszönen Sprüchen bemalt, in der Kapelle wird eine durchstochene Puppe entdeckt ... Geschickt entwirft die Autorin ein Bild von den Widersprüchen, denen sich Akademikerinnen in Oxfords Männerwelt ausgesetzt sahen.

2011 erschien der historische Krimi „Ketzer" von **Stephanie Parris,** der im Oxford des 16. Jh. spielt. Freigeist Giordano Bruno flieht vor der Inquisition ins Lincoln College und wird Zeuge einer Serie von Morden.

Psychologische Kriminalromane machten **Ruth Ware** (geb. 1977) berühmt, 2022 kam „The College" in einer deutschen Übersetzung heraus. Wir folgen Hannah, die als Oxford-Studierende ein unbeschwertes College-Leben führt, bis eines Tages ihre Freundin tot aufgefunden wird. Der Pförtner Neville wird schuldig gesprochen, doch war er wirklich der Täter? Mit dieser Frage sieht sich Hannah zehn Jahre später konfrontiert, als ein Journalist über den Fall recherchiert und Widersprüche zutage treten. Meisterhaft versteht es die Autorin, auf zwei Zeitebenen ein Netz von Lügen zu entwirren ...

Infos für LGBT+

Aktuelle Broschüren für Mitglieder der LGBT+ Community liegen bei der Touristeninfo aus (s. unten).

- **www.gayout.com/oxford-gay-pride:** wichtigstes Fest der LGBT+ Community in Oxford
- **https://queeroxford.info:** Blog zur queeren Geschichte in Oxford mit vielen Fotos
- **www.facebook.com/LGBToxon:** Facebookseite mit Veranstaltungsinfos
- **www.oulgbtq.org/socials-and-events.html** und **www.facebook.com/OULGBTQ:** Veranstaltungstipps der Oxford University LGBTQ+ Society

86 [I10] **Plush,** Frewin Court (Eingang Cornmarket Street), Tel. 01865 247966, www.plushoxford.com, Do.–Sa. 22.30–3.30 Uhr, in der Trimesterzeit auch Di. 22.30–3 Uhr, Tickets online buchbar, Do. am günstigsten. „Oxford's Premier LGBTQ+ Night Club and Bar".

In Oxford

85 [K10] **Oxford Visitor Information Point,** 44–45 High Street, Tel. 1865 790522, www.citysightseeingoxford.com, tgl. 9.30–17.30 Uhr. Hier erhält man Broschüren zu Oxford und den Sehenswürdigkeiten samt Stadtplan, Spezialinfos für Auto- und Radfahrer, Behinderte, Schwule und Lesben. Kostenpflichtig sind Stadttouren im Bus, aber auch die „Official Guided Walking Tours". Dabei handelt es sich um historisch fundierte und zugleich unterhaltsame Rundgänge durch die Stadt, die meist direkt am Büro starten.

MEIN TIPP

Noch mehr lesen…

Wer mehr über **Oxbridge,** die rivalisierenden Unis Oxford und Cambridge, erfahren will, greift zu der beim Wieser Verlag erschienenen Anthologie mit Gedichten, Romanauszügen und Essays – oder zu Nele Pollatscheks **„Dear Oxbridge"** (Kiwi Verlag): Unterhaltsam erklärt die Anglistin darin viele britische Skurrilitäten.

Ganz anders Gesa Jessen: In ihrem wunderbaren Debütroman **„Ein lautes Lied"** (Matthes & Seitz) besingt sie das Ende einer großen Liebe zwischen Oxford und Berlin.

- **Persönliche Fahrplanauskünfte** bekommen Zugreisende nur am Bahnhof [G10], Busreisende am Busbahnhof Gloucester Green 41 und im Oxford Bus Company – Travel Shop (s. S. 117)
- Im Oxford Playhouse Box Office (s. S. 65) gibt es **Karten** für viele Theater- und Konzertaufführungen in Oxford.

Im Internet

- **www.experienceoxfordshire.org:** Hinweise auf Sehenswürdigkeiten, Unterkünfte und Gastronomie, außerdem stimmt eine Bildergalerie auf Oxford ein.
- **www.ox.ac.uk:** Über die Website der Universität sind alle Colleges abrufbar, außerdem finden Bewerber hier alles Wichtige über das Studium in Oxford.
- **www.dailyinfo.co.uk:** Informativer, aber etwas unübersichtlicher Oxford-Guide mit Beiträgen zu Hotels und Restaurants. Interessant ist auch die Abteilung „Reviews" mit Kommentaren zu Konzerten, Filmen, Theateraufführungen und Ausstellungen.
- **www.theoxfordmagazine.com:** Aktuelle Beiträge zu Kultur und Gastronomie.
- www.oxfordmail.co.uk: In der Online-Ausgabe der Lokalzeitung lohnt ein Klick in

die Rubrik „What's On". Dort findet man Veranstaltungshinweise und Reviews.

› **www.oxfordcity.co.uk:** Die Website der Stadtregierung mit Infos zu den Themen Wohnen, Essen, Einkaufen und Aktiv sein.
› **www.ticketsoxford.com** und **www.ticketmaster.co.uk:** Buchung von Konzert- und Theaterkarten mit einer Übersicht kommender Kulturveranstaltungen.

Apps

› **The Oxford Bus App** – die offizielle App des Busunternehmens bietet einen Reiseplaner, Live-Updates und die Möglichkeit zum Ticketkauf sowie zum kontaktlosen Zahlen (gratis für iOS und Android).
› **National Rail Enquiries** – die offizielle App von National Rail liefert hilfreiche Infos für alle Zugfahrer wie z. B. Abfahrtszeiten, Zugverbindungen, Ticketpreise und Aktionen (gratis für iOS und Android).

Internet

Fast alle Hotels, Pubs und Cafés bieten mittlerweile Gratis-WLAN. Wer ohne internetfähiges Endgerät unterwegs ist und nur einmal schnell seine E-Mails durchschauen will, kann zur **Oxford Central Library** am Westgate Shopping Centre (s. S. 70) gehen – 15 Minuten surft man dort gratis.

Maße und Gewichte

Das metrische System ist in Großbritannien weit verbreitet. Dennoch wird bei bestimmten Maßeinheiten noch das imperiale System verwendet:

› **1 inch** = 2,54 cm
› **1 mile** = 1,609 km
› **1 pint** = 0,57 l
› **1 pound** = 453,6 g

Medizinische Versorgung

Auch ohne Europäische Gesundheitskarte (EHIC) wird man in Großbritannien in allen Zentren des National Health Service (NHS) behandelt.

⊕87 [Q7] **John Radcliffe Hospital,** Headley Way, Headington, Tel. 741166, www.ouh.nhs.uk/hospitals/jr. Oxfords Krankenhaus befindet sich 4 km östlich des Stadtzentrums.

Mit Kindern unterwegs

Oxford liegt nicht am Meer und hat keine Freizeitparks – dennoch gibt es vieles, das Kindern gefällt: Begegnungen mit Harry Potter und Alice im Wunderland, die Bootsfahrt an der Magdalen Bridge (vgl. 44), der Spaziergang zur Port Meadow („Von der Hythe Bridge zur Port Meadow", S. 48), ein Picknick am Fluss oder ein Ausflug nach Woodstock 52. Unter den Museen kommt bei Kindern meist das Pitt Rivers 35 mit seinen Schrumpfköpfen am besten an. Haben sie gute Englischkenntnisse, könnte man auch das **Story Museum** besuchen, wo sich alles ums Erzählen von Geschichten dreht – mit Workshops, Ausstellungen und Events für die ganze Familie.

Kinder unter 14 Jahren dürfen nicht in **Pubs**, es sei denn, diese verfügen über einen Garten, eine Terrasse oder ein Familienzimmer.

M88 [I11] **Story Museum,** Rochester House, 42 Pembroke Street, Tel. 790050, www.storymuseum.org.uk, Mo. geschlossen, aktuelle Öffnungszeiten siehe Website, Eintritt „The Galleries" 12 £, Small Worlds (0–5 Jahre) 6 £, Film „City of Stories" 3 £

Notfälle

Polizei, Ambulanz und Feuerwehr haben die **Notrufnummern 999** und **112**.

Die **örtliche Polizei** ist in St. Aldates stationiert. Dort befindet sich auch das **Fundbüro**.

89 [J11] **Police Station**, St. Aldates, Tel. 0845 85055

Pannenhilfe leisten die britischen Automobilclubs: „The Automobile Association" (AA) und „The Royal Automobile Club" (RAC). Bitte rufen Sie zuvor die ADAC-Notrufnummer an: Tel. 0049 89 222222.

Kartensperrung

Bei **Verlust der Debit-/Giro-, Kredit-** oder **SIM-Karte** gibt es für Kartensperrungen eine **deutsche Zentralnummer** (unbedingt vor der Reise klären, ob die eigene Bank bzw. der jeweilige Mobilfunkanbieter diesem Notrufsystem angeschlossen ist). **Aber Achtung:** Mit der telefonischen Sperrung sind die Bezahlkarten zwar für die Bezahlung/Geldabhebung mit der PIN gesperrt, nicht jedoch für das **Lastschriftverfahren mit Unterschrift.** Man sollte daher auf jeden Fall den Verlust zusätzlich **bei der Polizei zur Anzeige bringen**, um gegebenenfalls auftretende Ansprüche zurückweisen zu können.

In **Österreich** und der **Schweiz** gibt es keine zentrale Sperrnummer, daher sollten sich Besitzer von in diesen Ländern ausgestellten Debit- oder Kreditkarten vor der Abreise bei ihrem Kreditinstitut über den zuständigen Sperrnotruf informieren.

Generell sollte man sich immer die **wichtigsten Daten** wie Kartennummer und Ausstellungsdatum **separat notieren**, da diese unter Umständen abgefragt werden.

- **Deutscher Sperrnotruf:** Tel. +49 116116 oder Tel. +49 3040504050
- **Weitere Infos:** www.kartensicherheit.de, www.sperr-notruf.de

Öffnungszeiten

Die meisten **Colleges** öffnen von 14 bis 16.30 Uhr für Besucher. Oft aber werden die Zeiten ohne Angabe von Gründen geändert oder es heißt lapidar: *closed to visitors* (für Besucher geschlossen). Die Öffnungszeiten der **Geschäfte** liegen Mo.–Sa. zwischen 9 und 18 Uhr. Das Ladenschlussgesetz ist in Großbritannien flexibel, sonntags ist es Läden erlaubt, auch von 11 bis 17 Uhr Waren zu verkaufen. Davon machen nicht nur Zeitungsläden Gebrauch, sondern auch Buchläden und Souvenirgeschäfte. Der Covered Market 24 bleibt sonntags geschlossen.

Die Post ist Mo.–Sa. 9–17.30 Uhr, Banken sind Mo.–Fr. 9.30–15.30 Uhr geöffnet.

Post

90 [I10] **Postamt der Royal Mail**, 104 St. Aldates, Mo.–Sa. 9–17.30 Uhr

Radfahren

Das Fahrrad ist wunderbar dazu geeignet, Oxford und Umgebung kennenzulernen. Man hat keine Parkprobleme, muss auf keinen Bus warten und erreicht noch die entferntesten Bed-and-Breakfast-Häuser in maximal 15 Minuten. Nach Fertigstellung des *Oxfordshire Cycleway* steht Radfahrern ein **über 300 km umfas-**

sendes **Wege- und Straßennetz** zur Verfügung.

Auf der Website www.gps-routes.co.uk/routes/home.nsf/county-cycling/oxfordshire finden sich Fahrradkarten und Wegbeschreibungen zu den Routen der Region.

Radverleih ist problemlos möglich. Gleich mehrere Unternehmen gibt es, die für ca. 10 £ pro Tag oder 35 £ pro Woche einfache Tourenräder verleihen. Bei der Touristeninformation bekommt man eine Liste der aktuellen *Oxford Cycle Shops*. Besonders zentral gegelegen ist:

- •91 [I10] **Bike Zone**, 28–32 St. Michael Street, Tel. 728877, www.bike-zone.co.uk

Sicherheit

Großbritannien ist ein **sicheres Reiseland**, doch weil **Langfinger** wissen, dass viele Oxfordstudierende aus einem wohlhabenden Elternhaus stammen, mischen sie sich in der belebten Innenstadt (Cornmarket/Queen Street) gern unter die Passanten. Auch wenn im Rahmen der Terrorismusbekämpfung viele Straßen von Kameras überwacht werden, sollte man nicht nachlässig sein und auch keine Wertsachen im Auto lassen!

› **Notruf:** 999 oder 112 (Polizei, Ambulanz, Feuerwehr)

131ox Abb.: gs

Geister und Gnome: Auch geheimnisvolle Nachttouren werden angeboten.

Stadttouren

Oxford Walking Tours

Diese Entdeckungstouren zu Fuß starten an verschiedenen Punkten der Stadt. Wer sicherstellen will, dass ihm mehr als Anekdoten und Lügenmärchen aufgetischt werden, vertraut sich der englischsprachigen **Official Guided Walking Tour** an, die täglich, meist um 10.45 Uhr, an der Touristeninfo in der High Street startet (s. S. 106). Man kann auch an Touren u. a. zu den Themen Inspector Morse, Harry Potter und Alice in Wonderland teilnehmen. Anmeldungen nimmt die Touristeninformation entgegen.

Beliebt sind auch thematische Spaziergänge. Die **„Literary Tour"** z. B. führt zu den Lieblingsorten und Wir-

143ox Abb.: ©PhotoEdit, stock.adobe.com

„Topless“ unterwegs in Oxford – die Busse von City Sightseeing

kungsstätten von Percy Bysshe Shelley und Jonathan Swift, Oscar Wilde und Evelyn Waugh, Graham Greene, Dorothy L. Sayers und T.S. Eliot. Eine separate Tour bleibt J.R.R. Tolkien vorbehalten. Beliebt ist auch die Tour **„Deutsche in Oxford“:** Besucht werden Colleges, Museen und Bibliotheken, die mit berühmten deutschen Denkern, Künstlern und Akademikern verbunden sind. Auch eine **„Ghost Tour“** ist im Angebot.

Erwachsene zahlen für eine Tour meist zwischen 20 und 40 £, etwas mehr, wenn der Eintritt ins Christ Church College enthalten ist. Buchbar sind die Touren z.B. unter www.oxfordwalkingtours.com.

Alternativ kann man auch eine **„Premium Free Oxford Walking Tour“** buchen. Hier wird man von Studierenden oder Alumni durch Universitätsgebäude, die Stadt und die Bodleian Library geführt und zahlt am Ende nur, so viel man zahlen möchte (https://oxfordwalkingtoursofoxford.com).

City Sightseeing Bus Tour

Wer die Stadt lieber vom offenen Doppeldecker aus kennenlernen möchte, wählt die bequeme „Hop-on-Hop-off Tour“, die von April bis Oktober alle 10–15 Minuten zwischen 9.30 und 17.30 Uhr (im Winter seltener) mit Audio-Kommentar angeboten wird. Die Karten werden beim Fahrer gekauft und sind den ganzen Tag gültig, sodass man am Bahnhof [G10] und am Christ Church College ㉕ sowie an ca. 20 weiteren Stellen den Bus verlassen und zu einem beliebigen späteren Termin wieder zusteigen kann. Die Tageskarte (auch direkt im Bus erhältlich) kostet 17 £ für Erwachsene. Für Familien, Studierende und über 60-Jährige gibt

Vorwahlen
- **Deutschland:** 0049
- **Österreich:** 0043
- **Schweiz:** 0041
- **England:** 0044
- **Oxford:** 01865

es Rabatt. Mit 20£ nur wenig teurer ist das 48-Stunden-Ticket.

- www.citysightseeingoxford.com

Telefonieren

Die Vorwahl von Großbritannien ist die 0044. Die Ortsvowahl von Oxford lautet 01865. Wenn man aus dem Ausland nach Oxford telefoniert, entfällt nach dem Wählen der Landesvorwahl die 0 der Ortsvorwahl (0044 1865).

Seit dem Brexit gilt beim **Roaming** eine Übergangsphase, aber es ist möglich, dass sich dies Ende 2023 ändert, daher sollte man sich bei seinem Anbieter über die genauen Roamingtarife informieren.

Wer einen längeren Aufenthalt plant, kann in England eine Prepaid-SIM-Card (für SIM-Lock-freie Handys) erstehen.

Toiletten

Das Oxford City Council hat auf seiner Website eine Karte veröffentlicht, auf der **alle öffentlichen Toiletten** (*public toilets*) verzeichnet sind. Rote Fahnen zeigen jene Toiletten an, die man in Geschäften und Restaurants (mit entsprechendem Aufkleber im Fenster) ohne Kaufzwang nutzen kann.

- www.oxford.gov.uk/homepage/146/public_toilets

Uhrzeit

Besucher aus Mitteleuropa müssen in Großbritannien ihre **Uhr um eine Stunde zurückstellen**, denn es gilt dort die „Greenwich Mean Time" (GMT)! Auch müssen sie sich daran gewöhnen, dass ein Tag in England nicht aus 24, sondern aus 2 x 12 Stunden besteht: Beginnt also eine Tour um 2 p. m. *(post meridiem)*, so ist 14 Uhr gemeint, schließt ein Club um 3 a. m. *(ante meridiem)*, so weiß man, dass drei Stunden nach Mitternacht die Türen geschlossen werden.

Unterkunft

In Oxford gibt es eine **breite Palette an Unterkünften.** Sie reicht vom teuren Hotel über das Bed and Breakfast Guest House bis zur Jugend- und Familienherberge. Die Hotels findet man vorwiegend im Zentrum, die landestypischen Frühstückspensionen außerhalb: im Norden stilvoll an der Banbury Road, im Süden an der Abingdon Road, im Osten an der London und Iffley Road. Werden *en suite bathrooms* angeboten, verfügen die Zimmer über ein eigenes Bad, kosten dann aber mehr.

Vor allem in den Sommerferien empfiehlt es sich, mehrere Tage **im Voraus zu reservieren**, am besten telefonisch oder per Mail. Die im Buch angegebenen Preise für ein Doppelzimmer sind nur Richtwerte, können daher an Festwochenenden und während der Sommerferien um 20 bis 40% nach oben springen. Die aktuellen Preise findet man im Internet, Preisschwankungen zwischen den Buchungsagenturen sind oft beträchtlich:

- **www.a1tourism.com/uk/oxford.html:** Hotelübersicht mit aktuellen Angeboten.

Hotelkategorien

Preis für ein Doppelzimmer.

£	bis 100 £
££	100–160 £
£££	über 160 £

- **www.dailyinfo.co.uk/venues/hotels:** Das Blatt lässt auf seiner Webseite viele Hotels besprechen.
- **https://oxfordcity.co.uk/stay-in-oxford:** Wohnen, Essen, Einkaufen und Aktiv sein – ein reiches Adressenangebot auf der Website der Stadtverwaltung
- **www.universityrooms.com:** College-Zimmer werden vor allem während der Trimesterferien angeboten und können z. B. im Magdalen College für Preise ab 62 € (frühzeitig!) gebucht werden.

Hotels und Guest Houses

Im Zentrum

92 [J10] **Bath Place Hotel** ££, 4–5 Bath Place, www.bathplace.co.uk, Tel. 791812. **Schön verwinkelt:** Ein Ensemble von Weberhäuschen aus dem 17. Jh. ist um einen kleinen Innenhof gruppiert und birgt 14 sehr kleine Doppel- und Dreibettzimmer. Für Aufenthaltsräume ist in dem Hotel kein Platz. Es liegt unmittelbar neben dem Pub Turf Tavern (s. S. 68) und ist über eine von der Holywell Street abgehende Passage erreichbar.

- **Head of the River** £££, (s. S. 66). **Am Fluss:** Zwölf kleine, moderne Komfortzimmer im Obergeschoss des gleichnamigen Pubs mit Bad, einige mit Blick auf die Themse. Gefrühstückt wird bei warmem Wetter auf der Terrasse über dem Fluss.

93 [K10] **Mercure Oxford Eastgate** £££, 73 High Street/Ecke Merton Street, Tel. 248332, https://mercure.accor.com. **Mit viel Tradition:** Im 17. Jh. war das Eastgate eine Postherberge, heute ist es ein Komforthotel der Kette Mercure. Es liegt in der Nähe des Botanischen Gartens und hat 63 Zimmer. Um dem Lärm der High Street zu entgehen, sollte man ein Zimmer zur Merton Street wählen. Die Zimmer sind funktional und elegant mit Tee- und Kaffeekocher, der Parkplatz hinter dem Haus ist kostenpflichtig. Das Frühstücksbuffet wird im Restaurant eingenommen, die Merton's Bar bleibt bis nach Mitternacht geöffnet.

94 [J10] **Old Bank Hotel** £££, 92–94 High Street, Tel. 799599, www.oldbank-hotel.co.uk. **Sehr fein:** Eine Bank in der zentralen High Street wurde in ein Komforthotel verwandelt. Die 42 Zimmer sind in warmen Beige- und Erdtönen gehalten, für erfrischenden Kontrast sorgen Werke moderner Kunst. Von den Deluxe-Zimmern blickt man auf die Türme des All Souls College. Alle Zimmer verfügen über ein Duschbad. Trotz Doppelglas ist der Verkehr hörbar – wer geräuschempfindlich ist, sollte ein Zimmer nach hinten wählen. Gefrühstückt wird im Quod Restaurant, bei gutem Wetter auf der Terrasse. Parken inklusive.

95 [I8] **Old Parsonage Hotel** £££, 1–3 Banbury Road, Tel. 310210, www.oldparsonage-hotel.co.uk. **Romantisch:** Die Geschichte des Hauses reicht ins 17. Jh. zurück, als es ein von Nonnen geführtes Armenhaus war (später Pfarrhaus). 1991 wurde es von Grund auf renoviert und bietet komfortabel-ländliches Ambiente etwas nördlich des Zentrums. Die meisten der 30 mit Marmorbad ausgestatteten Zimmer sind sehr klein, einige bieten Ausblick auf die Rückfront einer Kirche. Nachmittags kommen Oxonians gern ins Hotelrestau-

Oxfords Traditionshaus: das Viersternehotel Randolph

057ox Abb.: gs

rant, um einen Afternoon Tea zu bestellen. Am Freitagbend kann es etwas laut werden – dann steht Livejazz auf dem Programm.

96 [I9] **Randolph Hotel** £££, Beaumont Street, Tel. 0870 4008200, www.macdonald-randolph-hotel-oxford.hotel-dir.com/en. **Oxfords Tophotel mitten in der Stadt: Hier** haben schon viele Staatsgäste und Promis genächtigt. Den Gast umfängt traditionelle britische Eleganz: hohe Maßwerkfenster und Spitzbögen, Edelholz und Gemälde in Goldrahmen, weiche Teppichböden und Samtvorhänge. Alle 151 Zimmer verfügen über modernen Komfort. Morgens hängt auf Wunsch eine britische Tageszeitung an der Tür. Das Frühstück wird in einem Saal mit Kristalllüstern eingenommen. Den traditionellen Afternoon Tea genießt man in der Lounge, den Abend lässt man in der gemütlichen Inspector Morse Bar ausklingen. Und wer nach anstrengen-

Buchungsportale

Neben Buchungsportalen für **Hotels** (z. B. www.booking.com, www.hrs.de oder www.trivago.de) bzw. für **Hostels** (z. B. www.hostelworld.de oder www.hostelbookers.de) gibt es auch Anbieter, bei denen man **Privatunterkünfte** buchen kann. Portale wie www.airbnb.de und www.wimdu.de vermitteln Wohnungen, Zimmer oder auch nur einen Schlafplatz auf einer Couch. Diese oft recht günstigen Übernachtungsmöglichkeiten sind nicht unumstritten, weil manchmal normale Wohnungen gewerblich missbraucht werden. Einige Städte greifen deshalb regulierend ein.

„No vacancies"

Dieser kleine Satz steht an der Eingangstür, wenn das Haus ausgebucht ist!

dem Sightseeing seine Muskeln entspannen will, steigt ins Kellerverlies, wo sich ein fackelbeleuchtetes Spa befindet (nicht im Preis inbegriffen). Neben dem Hotel befindet sich ein kostenpflichtiger Parkplatz.

97 [I9] **Rewley House** £-££, 1 Wellington Square, Tel. 1865 270360, www.conted.ox.ac.uk, Büro Mo.-Sa. 12-17 Uhr. **Begehrte Uni-Unterkunft:** mit 35 Zimmern, nur wenige Minuten vom Stadtzentrum. Von den meisten Räumen blickt man auf den Park. Tee und Kaffee kann man sich zubereiten, zum Haus gehört auch ein Speiselokal. Kinder sind nicht willkommen, Parkmöglichkeiten stehen nur begrenzt zur Verfügung.

98 [I10] **The Buttery Hotel** ££, 11-12 Broad Street, Tel. 811950, www.thebutteryhotel.co.uk. **Bed & Breakfast in bester Zentrumslage:** 16 helle, freundliche Zimmer mit Tee- und Kaffeekocher.

99 [J10] **Tower House Hotel** £££, 15 Ship Street, Tel. 246828, www.towerhouseoxford.co.uk. **Auf antik getrimmt:** Sieben Gästezimmer in einem denkmalgeschützten Gebäude aus dem 17. Jh., teilweise mit Blick auf das Jesus College. Wahlweise mit Etagen- oder eigener Dusche.

100 [J10] **Turl Street Mitre** £££, 8 Turl Street, Tel. 279828, www.turlstreetmitre.co.uk. **College-Unterkunft:** Von Anfang Juli bis Mitte September kann man hier saubere, frisch renovierte Zimmer anmieten, die in der übrigen Zeit des Jahres von Studierenden des Lincoln College bewohnt werden. Es gibt sechs geräumige Einzel- und Doppelzimmer, alle mit WLAN. Leider keine Parkmöglichkeit vorhanden.

⊡ Wo einst Gefangene einsaßen: das Hotel Malmaison (s. S. 116)

Nördlich des Zentrums

101 [H3] **Burlington House** ££, 374 Banbury Road (Summertown), Tel. 513513, www.burlington-hotel-oxford.co.uk. **Mit Kontrast:** In einem viktorianischen Kaufmannshaus wohnt man in teilweise sehr kleinen Zimmern. Antiquitäten kontrastieren mit modernem Design. Gäste können im ummauerten Garten entspannen, alles wirkt perfekt organisiert. Ein Parkplatz befindet sich in der Nähe.

102 [G3] **Cotswold House** ££, 363 Banbury Road, Tel. 310558, www.cotswoldhouse.co.uk. **Nicht nur für Literaturfreunde:** Schöne Unterkunft im Norden Oxfords. Manch ein Colin-Dexter-Fan wünscht im Zimmer 1 zu schlafen, weil dort in einem Inspektor-Morse-Krimi Entscheidendes geschah. Schlecht für Spätaufsteher: Frühstück gibt es nur bis 9 Uhr!

103 [G3] **Remont** ££, 367 Banbury Road, Tel. 311020, www.remont-oxford.co.uk. **Viel Komfort:** Eine Wohltat im Vergleich zu anderen Guest Houses in Oxford. Besäße es ein Restaurant, könnte es sich „Kleines Komforthotel" nennen. Das villenartige Haus liegt in Oxfords bestem Wohnviertel 3 km vom Zentrum enfernt und ist mit dem Bus gut erreichbar. Die Einrichtung ist minimalistisch und modern. Das üppige Frühstücksbuffet umfasst nicht nur das Full English Breakfast, sondern auch frische Croissants, Müslivariationen, Obstsalat und Bio-Joghurt, bei gutem Wetter kann man auch draußen essen. Alle 25 Zimmer sind komfortabel und gemütlich, verfügen über ein geräumiges Duschbad. Der Parkplatz ist im Preis inbegriffen. Dank

082ox Abb.: VisitBritain

der freundlichen Leitung der Familie Malek ist Remont ein rundum empfehlenswertes Haus.

Südlich des Zentrums

104 [I12] **Ethos Hotel** ££, 59 Western Road, Tel. 245800, www.ethoshotels.co.uk. **Kleines Boutiquehotel in zentraler Lage:** mit 12 schmucken Zimmern, alle ausgestattet mit Bodenheizung und Klimaanlage. Ein Frühstückskorb wird morgens aufs Zimmer gebracht und örtliche Telefongespräche werden nicht berechnet.

105 [K13] **voco Oxford Spires** £££, 60 Abingdon Road, Tel. 324324, https://oxfordspires.vocohotels.com. **Komforthotel 1 km südlich des Zentrums:** mit 115 Zimmern auf dem Gelände eines früheren Bauernhofs. Der Pluspunkt sind die Grünflächen, die in offene Felder übergehen. Traditioneller Cotswolds-Stein wurde mit modernen Architekturformen kombiniert, das Resultat hätte freilich schöner ausfallen können. Mit Indoorpool, Fitnessraum, finnischer und türkischer Sauna sowie Jacuzzi.

Östlich des Zentrums

106 [Q9] **Red Mullions Guest House** ££, 23 London Road (Headington), Tel. 742741, www.redmullions.co.uk. **Gemütliches Gästehaus:** mit moderner Einrichtung und – in England keine Selbstverständlichkeit – guten Matratzen!

107 [L11] **Tamesis Guest House** ££, 45–53 Iffley Road, Tel. 613700. **B&B:**

Das viktorianische Studierendenwohnheim von St. Edmund ändert von Juli bis September seinen Namen und verwandelt sich in eine B&B-Unterkunft mit 37 Zimmern.

Westlich des Zentrums

108 [I10] **Malmaison** £££, 3 Oxford Castle, Tel. 268400, www.malmaison.com/locations/oxford. **Im ehemaligen Gefängnis:** Seit 2006 dürfen Touristen in 94 Zimmern des viktorianischen Baus einsitzen: gegen hohe Bezahlung, versteht sich. Weiche Teppichböden lassen kaum noch an Haft und Isolation denken, die harten Pritschen wurden gegen Komfortbetten ausgetauscht. Nur die schmalen Zellentüren mit Guckloch erinnern an das miserable Leben der früheren Insassen. Um bei den Gästen kein Gefühl von Enge aufkommen zu lassen, wurden jeweils zwei Zellen zu einem Standardzimmer verbunden (mit eigenem Bad). Im ehemaligen Haus des Gouverneurs stehen voluminöse Suiten bereit, eine sogar mit Himmelbett und Minikino.

109 [G10] **River Hotel** ££, 17 Botley Road, Tel. 243475, www.riverhotel.co.uk. **Stattliches Haus von 1870:** an der Osney Bridge, nur einige Schritte westlich des Bahnhofs gelegen. Vom Frühstücksraum schaut man auf die Themse, im gemütlichen Aufenthaltsraum trifft man sich mit anderen Gästen. 20 Zimmer, halbwegs ruhig schläft man zur Rückseite. Der Parkplatz ist gratis.

110 [H10] **Royal Oxford Hotel** ££, Park End Street, Tel. 248432, www.royaloxfordhotel.co.uk. **Mittelklassehotel zwischen Zug- und Busbahnhof:** Es steht gegenüber dem Glaspalast der Saïd Business School. Ruhiger, aber ohne Ausblick schläft man zum Innenhof. Das Frühstücksbüfett wird in der Lounge eingenommen. 26 Zimmer.

142ox Abb.: gs

Hostels

111 [H10] **Central Backpackers** £, 13 Park End Street, Tel. 242288, www.centralbackpackers.co.uk. **Für das kleine Budget:** vier- bis Zwölfbettzimmer, eines davon *female only*, dazu eine Gemeinschaftsküche, ein TV-Raum und kostenloses Internet.

Camping

112 **Diamond Farm Camping** £, Islip Road, Bletchingdon – Kidlington Oxfordshire, www.diamondpark.co.uk, Tel. 01869 350909, ganzjährig geöffnet. **Für Familien:** Freundlich geführter Platz 10 km nördlich von Oxford, im Sommer mit beheiztem Pool. Anfahrt: A-420 Richtung Abingdon, dann auf der A-34 nordwärts, links in die B-4027 und dieser 1,6 km folgen.

113 [K15] **Oxford Camping and Caravan Club** £, 426 Abingdon Road, Tel. 244088, www.campingandcaravanningclub.co.uk, ganzjährig geöffnet. **Stadtnah:** Der dem Stadtzentrum am nächsten gelegene Platz befindet sich gut 2 km südlich Oxfords nahe einer Bahnlinie. Das klingt nicht gerade romantisch, doch verfügt der Platz über gute sanitäre Ausstattung und bietet Wäschereiservice, Bügeleisen und Föhn. Anfahrt: Von der Ring Road A-34 auf die A-423 und über die Bahnlinie.

Verkehrsmittel

Bus

Bustickets kann man bar beim Fahrer (möglichst passend), aber auch kontaklos per Debitkarte oder Smartphone bzw. mit der „The Oxford Bus App" (kostenlos für iOS und Android) kaufen und bezahlen. Eventuell lohnt sich auch der Kauf einer Tages- bzw. Wochenkarte. In der „cityzone" kostet die Tageskarte 4,20 £ und die Wochenkarte 17 £ (in der App) bzw. 17,50 £ (beim Fahrer).

Unter www.oxfordbus.co.uk kann man sich über die Preise der weiteren Ticketvarianten informieren, Fahrzeiten prüfen und die „Oxford City Centre Bus Map" herunterladen. So erfährt man genau, wo man in den Bus z. B. nach Cowley, Headington, Summertown oder Kidlington einsteigen muss.

Wer weitere Infos benötigt, erhält diese im **Travel Shop der Oxford Bus Company** im Busbahnhof am Gloucester Green 41. Dort kann man auch Tickets für den Bus nach London und den Flughafenbus kaufen.

•114 [I10] **Oxford Bus Company – Travel Shop,** 89 Gloucester Green, Tel. 01865 785400, Mo.–Fr. 19–18, Sa., So. 9–17 Uhr

Wichtige Hinweise für alle, die von Oxford **nach London** fahren wollen, finden sich auf Seite 52.

Taxi

Taxistände gibt es am Bahnhof [G10] und Busbahnhof 41 sowie am Carfax 1 und St. Giles 17. Die Taxipreise sind um ca. 20 % höher als in Deutschland. Als zuverlässiges Taxiunternehmen gilt:

› **ABC Radio Taxi Oxford:** Tel. 01865 242424, www.abcradiocars.co.uk

Schlafen auf dem Boot? Auch das ist möglich. Helfen kann die Touristeninformation (s. S. 106).

137ox Abb.: gs

Wetter und Reisezeit

Das Klima ist wechselhaft-maritim: mild im Winter und nur mäßig warm im Sommer. Mitte Juli, wenn die englischen Schulferien beginnen, empfiehlt es sich, einige Tage im Voraus zu reservieren.

Besonders reizvoll ist Oxford in den Vorlesungsmonaten (Mitte Oktober bis Mitte Juni unter Ausschluss der Weihnachts- und Osterwochen), wenn auch das studentische Leben blüht.

In den Sommerferien ändert sich der Charakter der Stadt: Im Juli und August übernehmen Sprachschüler aus aller Welt das Kommando, auch in den Colleges finden Kurse statt. Viele Studierende verlassen dann fluchtartig die Stadt – nur die, die sich auf eine Prüfung vorbereiten müssen oder eine Anstellung bei einer Sprachschule angenommen haben, bleiben.

Wasser

Bestellt man *tap water* in Oxfords Kneipen, bekommt man Leitungswasser gratis. Es ist zweifellos trinkbar, schmeckt aber aufgrund des beigemischten Chlors nicht sonderlich. Zur standesgemäßen Zubereitung des Frühstückstees empfiehlt sich dann doch eher stilles Mineralwasser ...

⊡ *Frühlingserwachen im Wadham College* 33

Durchschnitt	Wetter in Oxford											
Maximale Temperatur	6°	7°	10°	13°	17°	20°	22°	21°	19°	14°	10°	7°
Minimale Temperatur	2°	2°	3°	6°	8°	12°	14°	13°	11°	8°	5°	4°
Regentage	15	13	11	12	12	11	12	11	13	13	15	15
	Jan	Febr	März	Apr	Mai	Juni	Juli	Aug	Sept	Okt	Nov	Dez

ANHANG

133ox Abb.: gs

Oxford-Glossar

- **Alma Mater Oxoniensis:** Universität Oxfords
- **B. A.** (Bachelor of Arts): Titel, den Studierende nach bestandener Abschlussprüfung erwerben
- **Boatie:** besessener Ruderer
- **The Bod:** Bodleian Library
- **The Broad:** Broad Street
- **Bulldogs:** Polizisten der Universität (2002 endlich abgeschafft)
- **Class:** Wertungskategorie in Prüfungen (First, Second, Third)
- **Congregation:** der kleine Zirkel leitender Professoren, nicht zu verwechseln mit der Convocation
- **Convocation:** Versammlung aller Masters of Arts (M. A.), die den Kanzler und den Professor für Poesie wählen
- **The Corn:** Cornmarket Street
- **Dean:** zuständig für Collegedisziplin
- **Don:** Universitätslehrer (lat. dominus = Herr)
- **Eights Week:** College-Ruderregatta Anfang Juni
- **Encaenia:** Zeremonie zur Verleihung der Ehrendoktorwürde
- **Fellow:** festangestellter Professor am College
- **Finals:** Abschlussprüfung
- **First:** beste Prüfungsnote
- **Fresher:** Neuankömmling an der Uni
- **Go down:** die Universität verlassen
- **Hall:** Speisesaal
- **High Table:** „erhöhter" Tisch im Speisesaal, an dem die Professoren sitzen
- **Isis:** poetische Bezeichnung für die Themse im Raum Oxford
- **M. A.** (Master of Arts): Titel, der jedem B. A. nach sieben Jahren gegen Zahlung einer geringen Gebühr ohne zusätzliche Prüfung verliehen wird
- **Michaelmas:** erstes Trimester eines akademischen Jahres
- **Moderations** (Mods): Prüfungen im ersten Studienjahr
- **Newdigate:** wichtigster Universitätspreis für Poesie
- **O.U.D.S:** Oxford University Dramatic Society
- **Oxbridge:** Oberbegriff für die beiden Eliteunis Oxford und Cambridge
- **Oxbridge-Mafia:** Netzwerke zur Rekrutierung der Landeselite
- **OXFAM:** 1942 in Oxford gegründete Wohltätigkeitsorganisation
- **Oxford Blue:** Studierende, die in die Universitätsmannschaft berufen wurden
- **Oxonian:** Mitglied der Universität Oxford
- **Postgraduate:** Doktorand
- **PPE:** spezieller Oxford-Kurs: Politik, Philosophie, Ökonomie
- **PPP:** gleichfalls populär: Physiologie, Philosophie, Psychologie
- **Proctors:** Professoren, die über Moral und Disziplin am College wachen
- **Quadrangle (Quad):** rechteckiger Innenhof in den Colleges
- **Scarlet Days:** „violette Tage", an denen akademische Kleidung Pflicht ist
- **Scout:** Collegediener
- **Sent down:** von der Universität geworfen
- **Sub Fusc:** spezielle Kleidung für besondere Unianlässe
- **Teddy Hall:** St. Edmund Hall
- **The High:** High Street
- **The House:** Christ Church
- **The Other Place:** Cambridge
- **The Union:** Debattierclub der Universität
- **Torpids:** Ruderrennen im Februar o. März
- **Town and Gown:** Dauerkonflikt zwischen Stadt und Universität (*gown* = Talar)
- **Townie:** Oxford-Einwohner, Nicht-Studierende
- **Trinity:** drittes Trimester eines akademischen Jahres
- **Tutor:** Lehrer und akademischer Weggefährte
- **Undergraduate:** Studierende ohne Abschluss
- **Univ:** University College
- **Varsity:** von Sportlern benutzte Abkürzung für University

Kleine Sprachhilfe

Die folgenden Wörter und Redewendungen wurden dem Reisesprachführer „Englisch – Wort für Wort" (Kauderwelsch-Band 64) aus dem REISE KNOW-HOW Verlag entnommen.

Häufig gebrauchte Wörter und Redewendungen

Zahlen

1	(wann)	one
2	(tuh)	two
3	(ðrih)	three
4	(fohr)	four
5	(feiw)	five
6	(ßikß)	six
7	(ßäwèn)	seven
8	(äit)	eight
9	(nein)	nine
10	(tänn)	ten
11	(ihläwèn)	eleven
12	(twälw)	twelve
13	(ðörtihn)	thirteen
14	(fohrtihn)	fourteen
15	(fifftihn)	fifteen
16	(ßikßtihn)	sixteen
17	(ßäwèntihn)	seventeen
18	(äitihn)	eighteen
19	(neintihn)	nineteen
20	(twänntih)	twenty
30	(ðörtih)	thirty
40	(fohrtih)	forty
50	(fifftih)	fifty
60	(ßikßtih)	sixty
70	(ßäwèntih)	seventy
80	(äitih)	eighty
90	(neintih)	ninety
100	(hanndrid)	hundred

Die wichtigsten Zeitangaben

yesterday	(jäßtèrdäi)	gestern
today	(tuhdäi)	heute
tomorrow	(tuhmohrrou)	morgen
last week	(lahßt wihk)	letzte Woche
every day	(äwwrih dä)	täglich
in the morning	(in ðè mohrning)	morgens
in the afternoon	(in ðih_ ahftèrnuhn)	nachmittags
in the evening	(in ðih_ ihwèning)	abends
early	(öhrlih)	früh
late	(läit)	spät
on time	(on teim)	pünktlich
now	(nau)	jetzt
soon	(suhn)	bald
never	(näwwèr)	nie

Wochentage

Monday	(manndäi)	Montag
Tuesday	(tjuusdäi)	Dienstag
Wednesday	(wennsdäi)	Mittwoch
Thursday	(ðörßdäi)	Donnerstag
Friday	(fraidäi)	Freitag
Saturday	(ßättördäi)	Samstag
Sunday	(ßanndäi)	Sonntag

Die wichtigsten Fragewörter

who?	(huh)	wer?
what?	(wott)	was?
where?	(wäèr)	wo?/wohin?
why?	(wei)	warum?
how?	(hau)	wie?
how much?	(hau matsch)	wie viel? (Menge)
how many?	(hau männih)	wie viele? (Anzahl)
when?	(wänn)	wann?
how long?	(hau long)	wie lange?

Die wichtigsten Richtungsangaben

on the right	(on ðè reit)	rechts
on the left	(on ðè läfft)	links
to the right	(tuh ðè reit)	nach rechts
to the left	(tuh ðè läfft)	nach links
turn right	(törn reit)	rechts abbiegen
turn left	(törn läfft)	links abbiegen
straight on	(ßträjt on)	geradeaus
in front of	(in front_off)	gegenüber
outside	(autseid)	außerhalb

inside	(inseid)	innerhalb
here	(hi-èr)	hier
there	(ðäèr)	dort
up there	(ap ðäèr)	da oben
down there	(daun ðäèr)	da unten
nearby	(nihrbei)	nah, in der Nähe
far away	(fahr èwäi)	weit weg
round the corner	(raund ðè kohrnèr)	um die Ecke

Die wichtigsten Floskeln und Redewendungen

yes	jäß	ja
no	nou	nein
thank you	ðänk_juh	danke
please	plihs	bitte
Good morning!	gudd mohrning	Guten Morgen!
Good evening!	gudd ihwèning	Guten Abend!
Hello! / Hi!	hällou / hei	Hallo!
How are you?	hau ah juh	Wie geht es Ihnen/dir?
Fine, thank you.	fein ðänk_juh	Danke gut.
Good bye!	gudd bei	Auf Wiedersehen!
Have a good day!	häw_è gudd däi	Einen schönen Tag!
I don't know.	ei dount nou	Ich weiß nicht.
Cheerio!	tschihrio	Prost!
The bill, please!	ðè bill plihs	Die Rechnung, bitte!
Congratulations!	kongrätuläischènß	Glückwunsch!
Excuse me!	ikßkjuhs mih	Entschuldigung!
I'm sorry.	eim ßorrih	Tut mir Leid!
It doesn't matter.	itt dahsnt mättèr	Das macht nichts.
What a pity!	wott_è pittih	Wie schade!

Die wichtigsten Fragen

Is there a/an ... ?	(is ðäèr è/ènn ...)	Gibt es ...?
Do you have ... ?	(duh juh häw ...)	Haben Sie ...?
Where is/are ... ?	(wäèr is/ah ...)	Wo ist/sind ... ?
Where can I ... ?	(wäèr kähn_ei)	Wo kann ich ... ?
How much is it?	(hau matsch is_itt)	Wie viel kostet das?
What time?	(wott teim)	Um wie viel Uhr?
Can you help me?	(kähn juh hällp mih)	Können Sie mir helfen?
Is there a bus to ... ?	(is ðäèr è_baß tuh ...)	Gibt es einen Bus nach ...?
How are you?	(hau ah juh)	Wie geht es dir/Ihnen?
What's your name?	(wotts juhr näim)	Wie heißt du/heißen Sie?
How old are you?	(hau ould ah juh)	Wie alt bist du/sind Sie?
Where do you come from?	(wär duh juh kamm fromm)	Woher kommen Sie?
Excuse me?	(ikßkjuhs mih)	Wie bitte?

+++ Die wichtigsten Wörter mit dem Bonus-Audiotrack des Kauderwelsch-

138ox Abb.: gs

Weltliteratur made in Oxford: Alice im Wunderland (s. S. 31)

Nichts verstanden? – Weiterlernen!

I don't speak English.	(ei dount spihk in-glisch)	Ich spreche kein Englisch.
Pardon?	(pahdèn?)	Wie bitte?
I don't understand.	(ei dount andèrständ)	Ich habe nicht verstanden
Do you speak German?	(duh juh spihk dschörmèn?)	Sprechen Sie Deutsch?
How do you say that in English?	(hau duh juh säi ðät in in-glisch?)	Wie heißt das auf Englisch?
What does it mean?	(wott dahs_itt mihn?)	Was bedeutet das?
How do you pronounce this word?	(hau duh juh pronauns ðiß wörd?)	Wie spricht man dieses Wort aus?
Would you please repeat!	(wudd juh plihs rihpiht!)	Wiederholen Sie bitte!
Could you please write it down?	(kudd juh plihs reit itt daun?)	Könnten Sie das bitte aufschreiben?

Das ist
noch nicht alles!
Mehr Reise Know-How gibt es hier:
www.reise-know-how.de
Reiseführer | CityTrip | MeinTrip | InselTrip

REISE KNOW-HOW
@ReiseKnowHow
@reiseknowhowverlag
@Reise_KnowHow
auf www.reise-know-how.de
für den Newsletter anmelden
Zugspitze, Foto: Aneta Niemitz
Wohnmobil-Tourguide | Kauderwelsch | Landkarten | Soul Places

Register

Impressum

Izabella Gawin, Dieter Schulze

CityTrip Oxford

© Reise Know-How Verlag
Peter Rump GmbH
6., neu bearbeitete und aktualisierte Auflage 2023

ISBN 978-3-8317-3759-8

Printed in Germany

Druck und Bindung:
mediaprint solutions GmbH, Paderborn

Herausgeber: Klaus Werner
Layout: amundo media GmbH (Umschlag, Inhalt), Peter Rump (Umschlag)
Lektorat: amundo media GmbH
Karten: Ingenieurbüro K. Wendler, amundo media GmbH
Anzeigenvertrieb: KV Kommunalverlag GmbH & Co. KG, Alte Landstraße 23, 85521 Ottobrunn, Tel. 089 928096-0, info@kommunal-verlag.de
Kontakt: Osnabrücker Str. 79, 33649 Bielefeld, info@reise-know-how.de

Alle Angaben in diesem Buch sind gewissenhaft geprüft. Preise, Öffnungszeiten usw. können sich jedoch schnell ändern. Für eventuelle Fehler übernehmen Verlag wie Autoren keine Haftung.

Bildnachweis
Umschlagvorderseite: Sergii Figurnyi, stock.adobe.com |
Umschlagrückseite: davidionut, stock.adobe.com | Umschlagklappe rechts: Daisy Daisy, stock.adobe.com
Soweit ihre Namen nicht vollständig am Bild vermerkt sind, stehen die Kürzel an den Abbildungen für die folgenden Fotografen, Firmen und Einrichtungen. Izabella Gawin, Dieter Schulze: gs | Story Museum © Marc West: sm

074ox Abb.: ©Jank1000, dreamstime.com

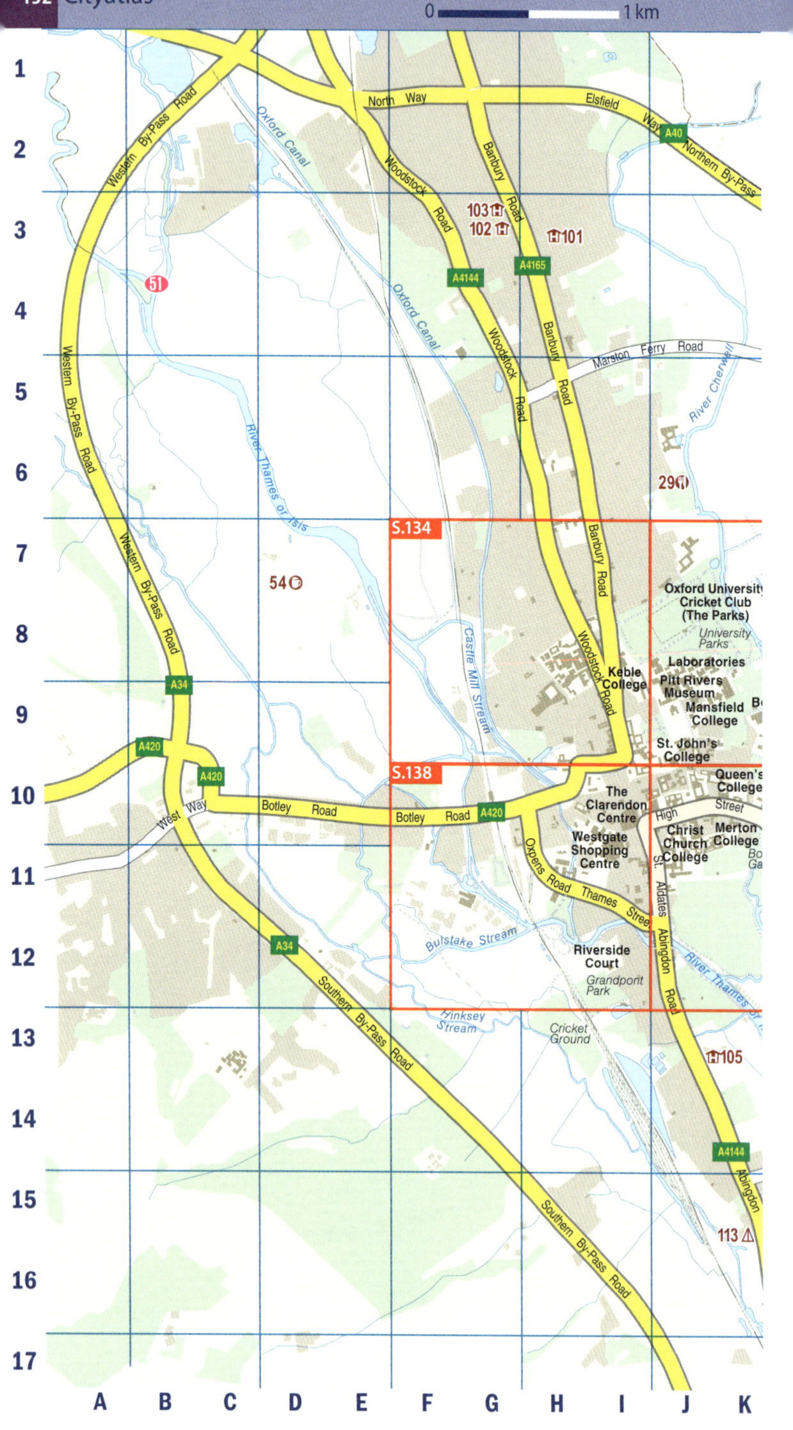
0
1 km
North Way
Elsfield Way
A40
Northern By-Pass
Western By-Pass Road
Oxford Canal
Woodstock Road
Banbury Road
103
102
101
A4144
A4165
51
Marston Ferry Road
River Cherwell
River Thames or Isis
29
S.134
54
Castle Mill Stream
Oxford University Cricket Club (The Parks)
University Parks
Laboratories
Keble College
Pitt Rivers Museum
Mansfield College
St. John's College
A34
A420
S.138
West Way
Botley Road
The Clarendon Centre
Queen's College
High Street
Westgate Shopping Centre
Christ Church College
Merton College
Oxpens Road
Thames Street
St. Aldates
Bulstake Stream
Riverside Court
Grandpont Park
Abingdon Road
River Thames
Hinksey Stream
Cricket Ground
Southern By-Pass Road
105
A4144
113
1
2
3
4
5
6
7
8
9
10
11
12
13
14
15
16
17
A
B
C
D
E
F
G
H
I
J
K

☐ Liste der Karteinträge Seite 142

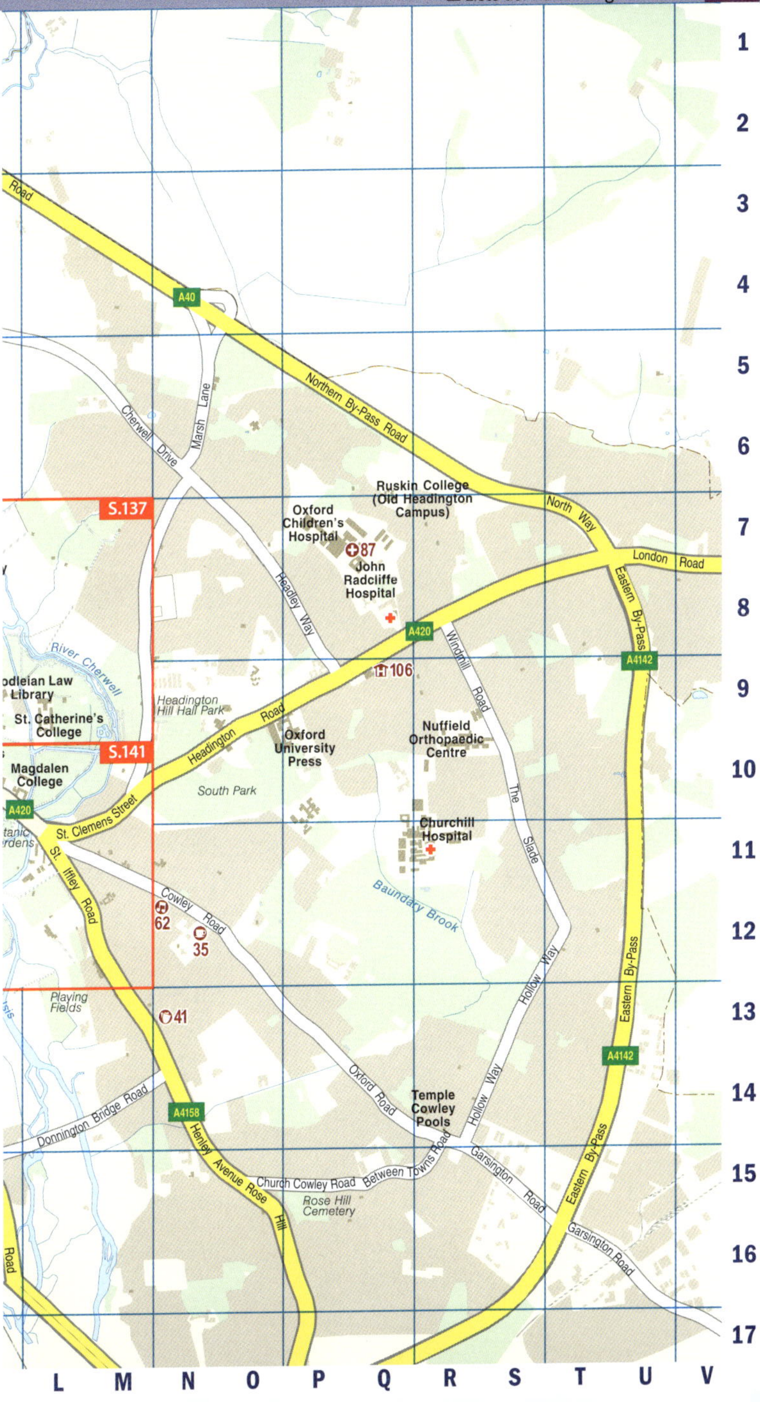

1 cm = 75 m 100 m

7

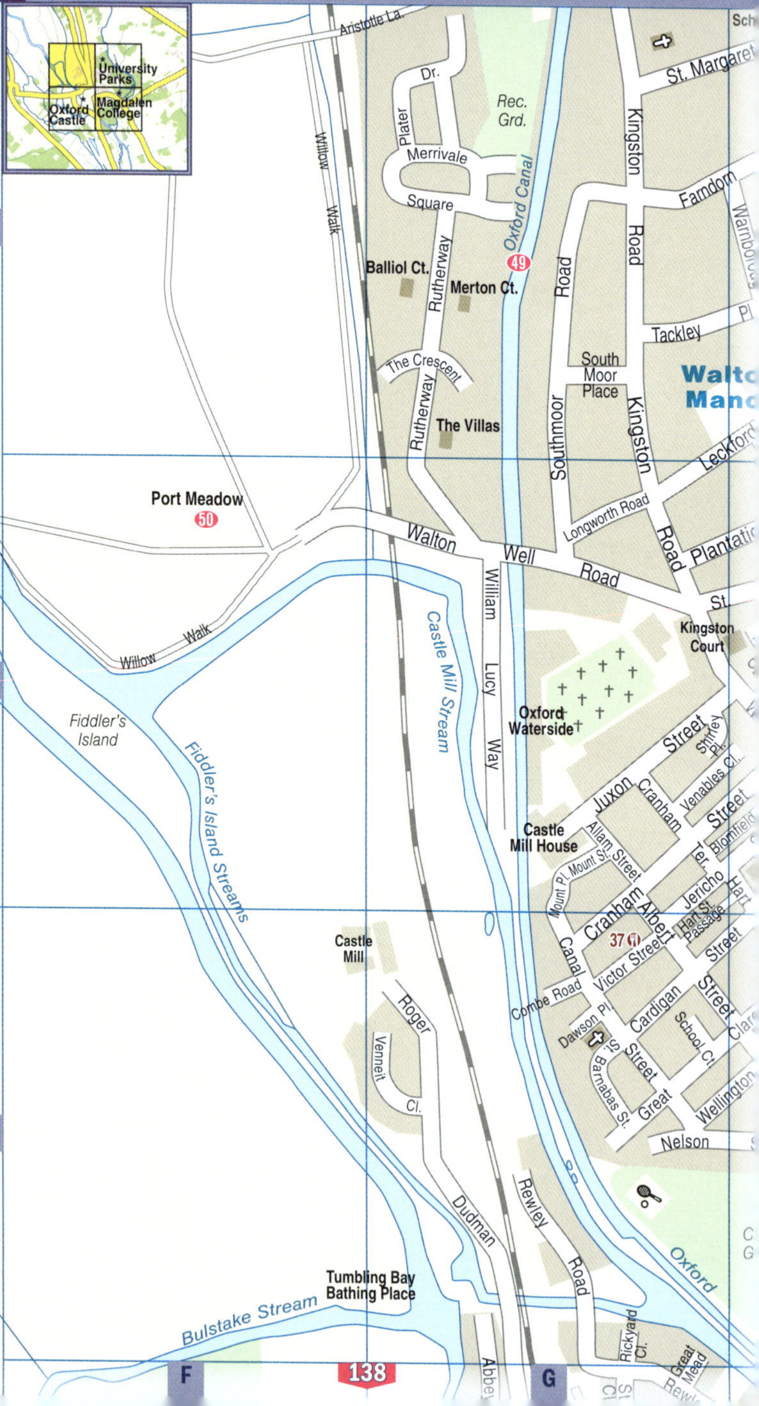

8

9

F

138

G

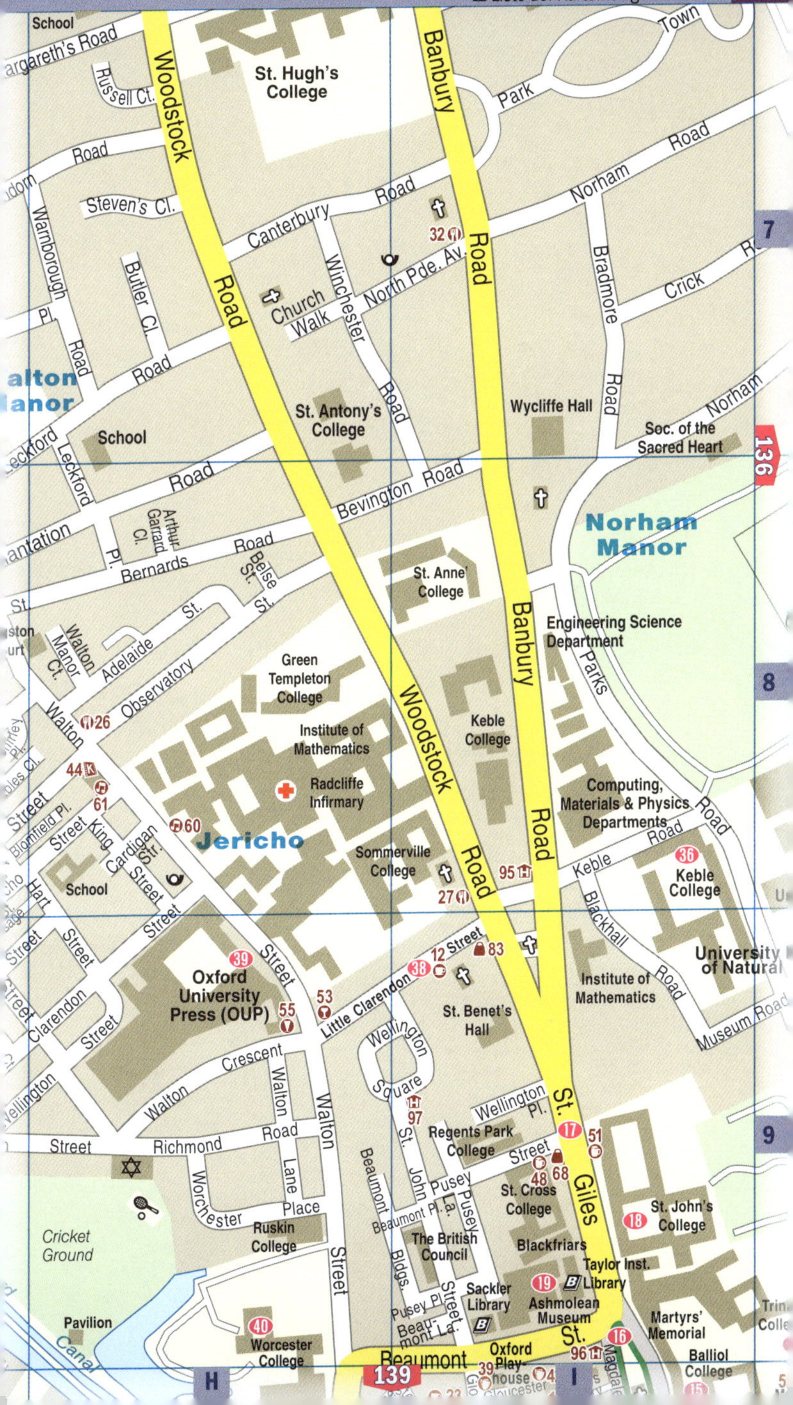
St. Hugh's College
Woodstock Road
Banbury Road
Canterbury Road
Norham Road
Church Walk
Winchester Road
North Pde. Av.
Bradmore Road
Crick Road
St. Antony's College
Wycliffe Hall
Soc. of the Sacred Heart
Bevington Road
Norham Manor
St. Anne' College
Engineering Science Department
Parks Road
Green Templeton College
Institute of Mathematics
Radcliffe Infirmary
Keble College
Computing, Materials & Physics Departments
Jericho
Sommerville College
Keble Road
Blackhall Road
Oxford University Press (OUP)
Little Clarendon Street
St. Benet's Hall
University of Natural
Museum Road
Wellington Square
Regents Park College
Pusey Street
St. Giles
St. John's College
St. Cross College
The British Council
Blackfriars
Taylor Inst. Library
Sackler Library
Ashmolean Museum
Martyrs' Memorial
Balliol College
Oxford Playhouse
Beaumont Street
Worcester College
Ruskin College
Cricket Ground
Pavilion
Canal
Richmond Road
Walton Street
Worcester Place
School
Walton Manor
Jericho
139
136
7
8
9
H
I

1 cm = 75 m

100 m

Benson
Pl.
Fyfefield
Road
Road
Gardens
Norham
Lady Margaret Hall
River
Cherwell
Marston Brook
Department of Educ. Studies
University Parks
High Bridge
Oxford University Cricket Club (The Parks)
Pavilion
University Parks
37
University Parks
Bathing Place
Observatory
Laboratories
Dorothy Hodgkin Road
Hinshelwood Road
Sibthorp Road
Mesopotamia Walk
Linacre College
Holywell Mill Stream
University
Road
Parks
Departments of Zoology & Exp. Psychology Pharmacology
St.
Cross
Road
New College Sports Ground
versity Museum Natural History
34
Pitt Rivers Museum
35
Museum Road
South
Parks
Road
Mansfield
Road
Institute of Virology & Environmental Microbiology
Pavilion
Social Science Library
Bodleian Law Library
Rhodes House
Love
Lane
Mansfield College
New College School
Manor
Road
Manor Pl.
Balliol College Sports Ground
Wadham College
33
Savile Road
Geography Department
Pavilion
Harris Manchester College & Chapel
Jowett Walk
St. Cross Road
St. Cross College
Trinity College
14
Weston Library
10
The Music Room
38
50
31
Holywell
Street
Clarendon Building
92
56
Blackwell
10
58
9
J
140
K
7
8
9
135

☐ Liste der Karteinträge Seite 142

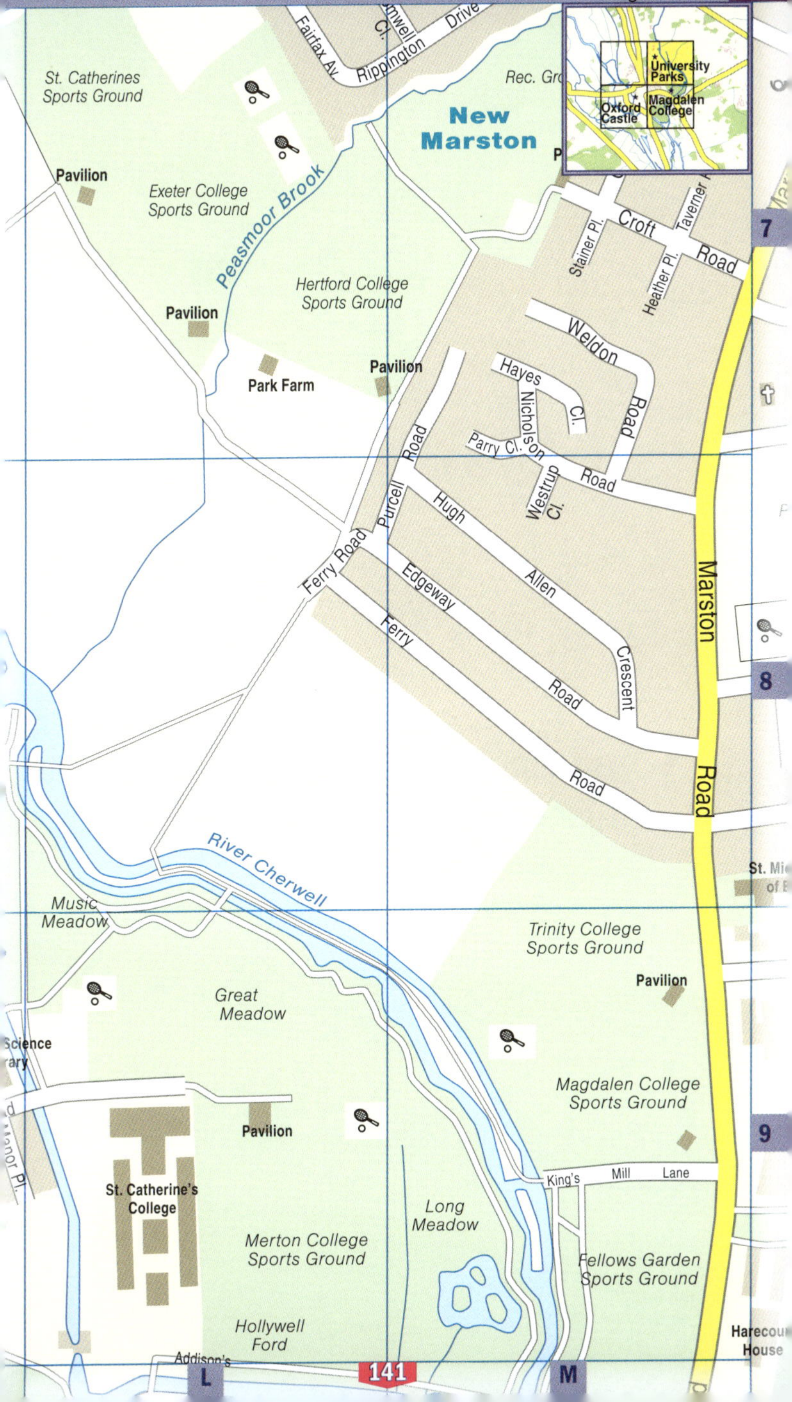

1 cm = 75 m

100 m

134

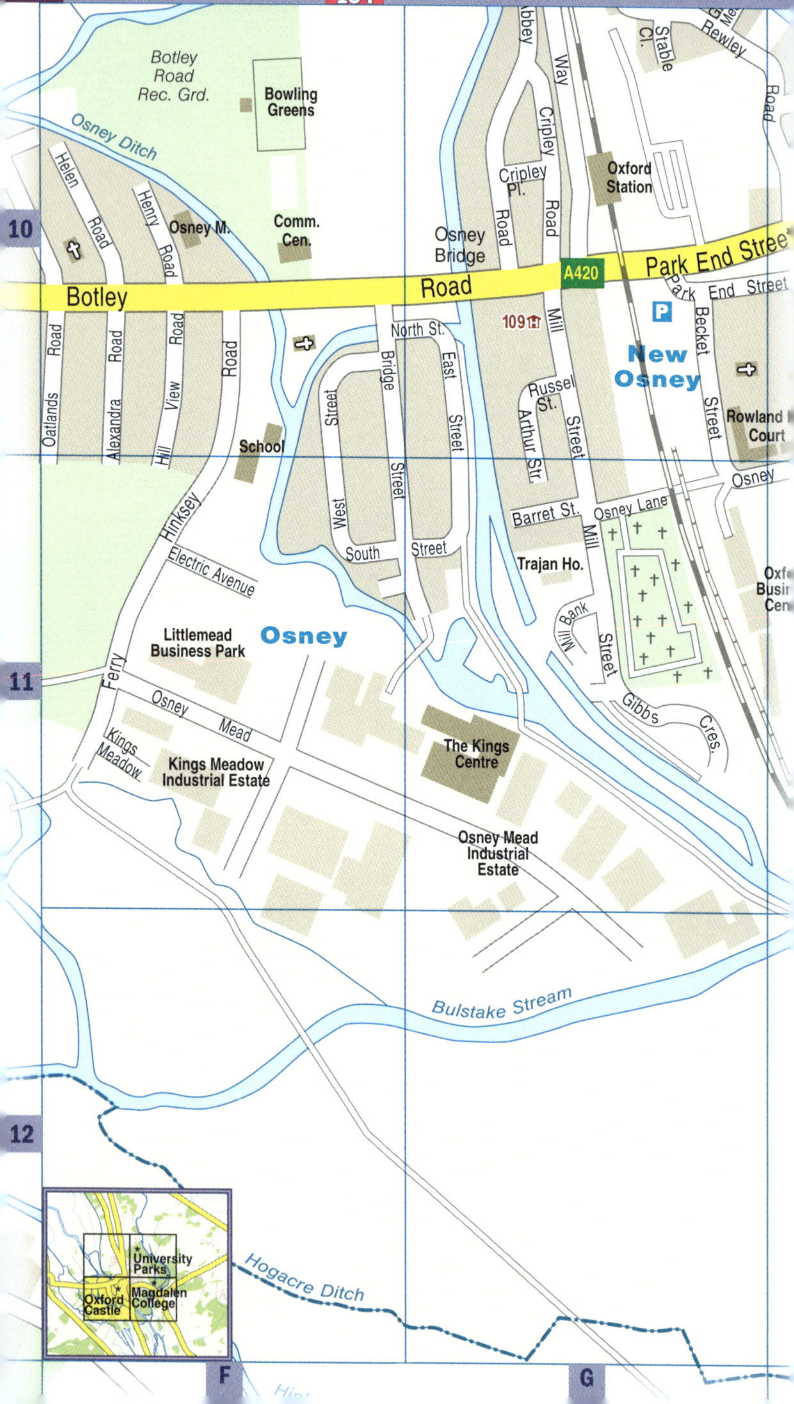

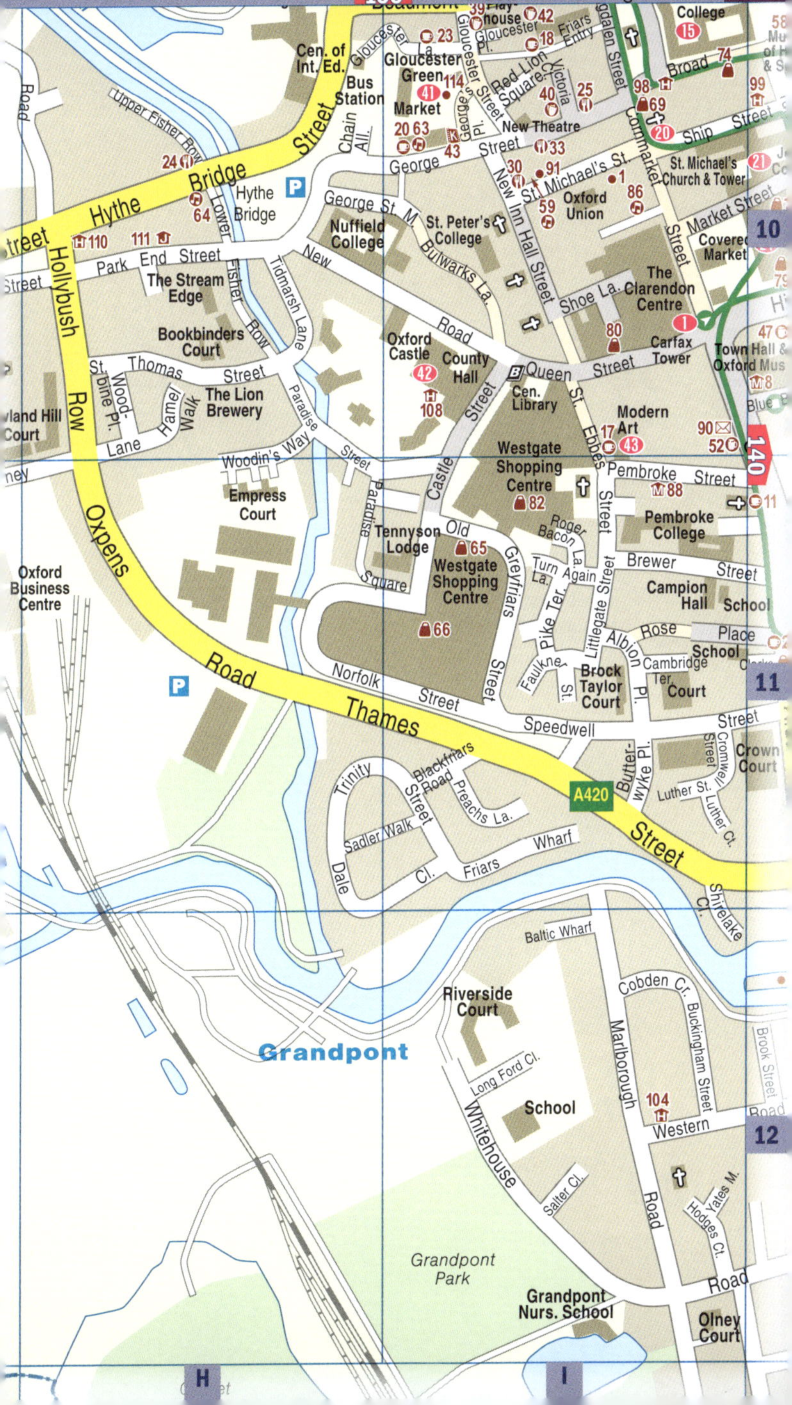

135
140
10
11
12
H
I
Cen. of Int. Ed.
Gloucester Green
Bus Station
Market
Gloucester St.
Gloucester Pl.
Red Lion Square
Victoria Ct.
Friars Entry
New Theatre
George Street
George St. M.
Chain All.
Hythe Bridge Street
Hythe Bridge
Upper Fisher Row
Lower Fisher Row
Nuffield College
St. Peter's College
New Inn Hall Street
St. Michael's St.
Oxford Union
Cornmarket Street
St. Michael's Church & Tower
Market Street
Covered Market
College
Broad
Ship Street
Magdalen Street
Bulwarks La.
New Road
Shoe La.
The Clarendon Centre
Carfax Tower
Town Hall & Oxford Mus
Park End Street
Tidmarsh Lane
The Stream Edge
Bookbinders Court
Hollybush Row
St. Thomas Street
Woodbine Pl.
Hamel Walk
Lane
The Lion Brewery
Paradise Street
Woodin's Way
Empress Court
Oxford Castle
County Hall
Castle Street
Queen Street
Cen. Library
Westgate Shopping Centre
St. Ebbes Street
Modern Art
Pembroke Street
Pembroke College
Roger Bacon La.
Turn Again La.
Brewer Street
Campion Hall
School
Rose Place
Littlegate Street
Pike Ter.
Faulkner St.
Albion Pl.
Cambridge Ter.
Court
Brock Taylor Court
Tennyson Lodge
Paradise Square
Old Greyfriars Street
Norfolk Street
Oxpens Road
Thames Street
A420
Speedwell Street
Butterwyke Pl.
Cromwell Street
Crown Court
Luther St.
Luther Ct.
Oxford Business Centre
Trinity Street
Blackfriars Road
Preachs La.
Sadler Walk
Dale Cl.
Friars Wharf
Shirelake Cl.
Baltic Wharf
Cobden Cr.
Buckingham Street
Riverside Court
Grandpont
Long Ford Cl.
School
Whitehouse Road
Marlborough Road
Western Road
Brook Street
Salter Cl.
Yates M.
Hodges Ct.
Grandpont Park
Grandpont Nurs. School
Olney Court

1 cm = 75 m

100 m

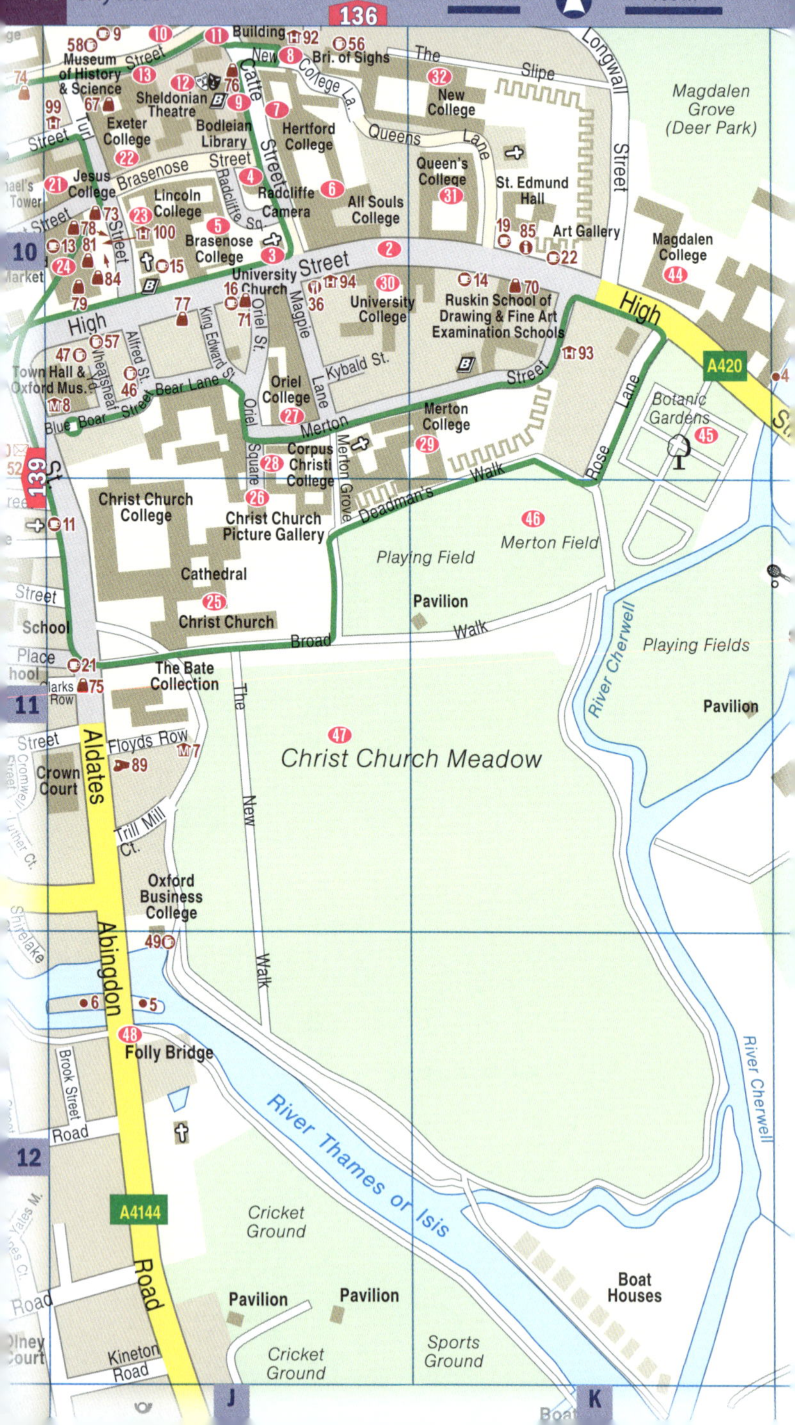
136
Museum of History & Science
Sheldonian Theatre
Exeter College
Bodleian Library
Hertford College
Bri. of Sighs
New College
Longwall Street
Magdalen Grove (Deer Park)
Queens Lane
Queen's College
St. Edmund Hall
Jesus College
Brasenose Street
Lincoln College
Radcliffe Sq.
Radcliffe Camera
All Souls College
Art Gallery
Magdalen College
Brasenose College
Turl Street
Catte Street
New College La.
The Slipe
University Church
University Street
University College
Ruskin School of Drawing & Fine Art Examination Schools
High
A420
High Street
Magpie Lane
Oriel St.
King Edward St.
Alfred St.
Wheatsheaf Yd.
Town Hall & Oxford Mus.
Bear Lane
Blue Boar Street
Kybald St.
Oriel College
Merton Street
Merton College
Botanic Gardens
Rose Lane
Corpus Christi College
Oriel Square
Merton Grove
Deadman's Walk
Christ Church College
Christ Church Picture Gallery
Cathedral
Christ Church
Merton Field
Playing Field
Pavilion
Broad Walk
The Bate Collection
The New Walk
River Cherwell
Playing Fields
Pavilion
139
St. Aldates
Clarks Row
Floyds Row
Crown Court
Trill Mill Ct.
Christ Church Meadow
Oxford Business College
Abingdon Road
Folly Bridge
Brook Street
River Thames or Isis
River Cherwell
A4144
Cricket Ground
Pavilion
Pavilion
Cricket Ground
Sports Ground
Boat Houses
Kineton Road
Road
10
11
12
J
K

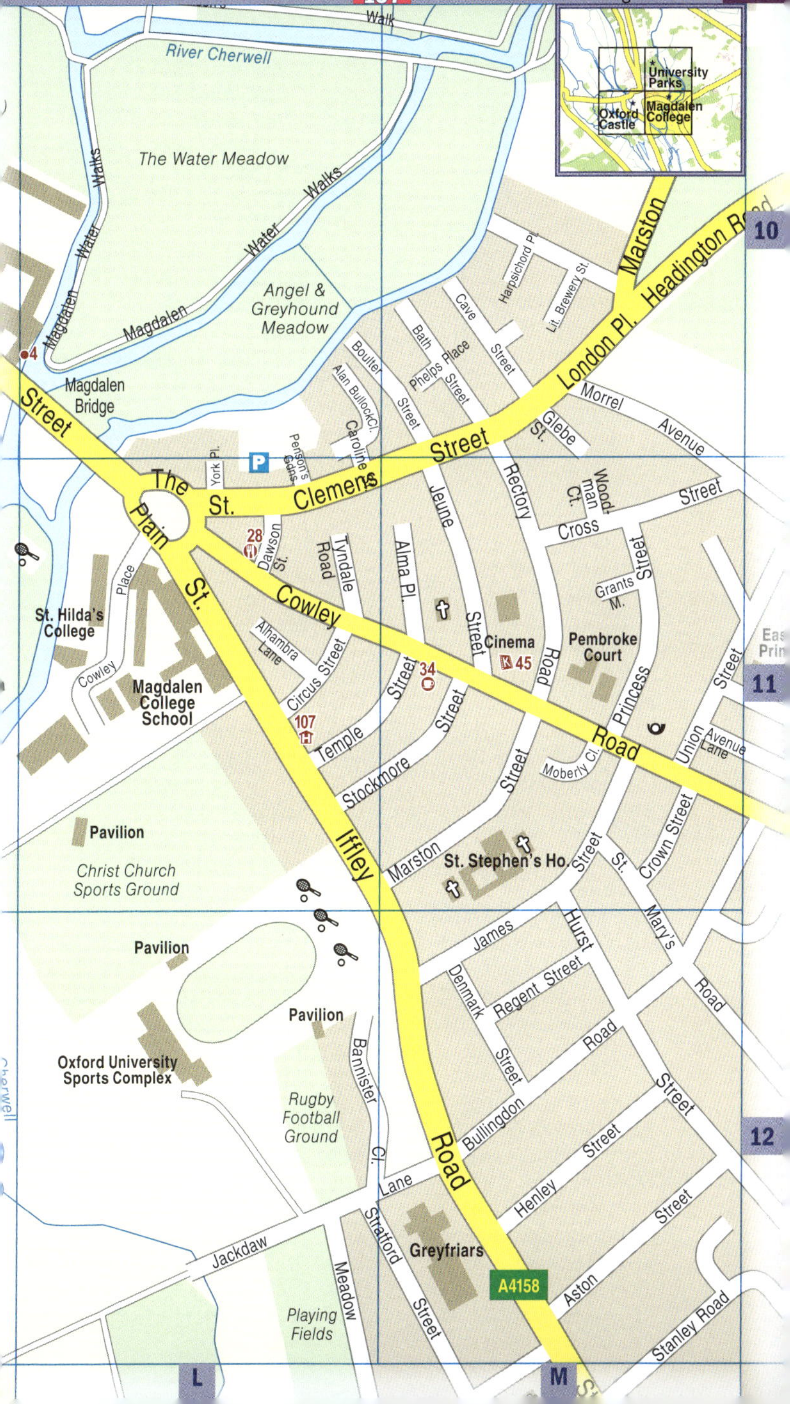
137
River Cherwell
The Water Meadow
Magdalen Water Walks
Angel & Greyhound Meadow
Magdalen Bridge
University Parks
Oxford Castle
Magdalen College
Marston
Headington Road
London Pl.
Harpsichord Pl.
Lit. Brewery St.
Cave Street
Bath Street
Phelps Place
Boulter Street
Alan Bullock Cl.
Caroline St.
Pensons Gdns.
York Pl.
St. Clemens Street
The Plain
High Street
Morrel Avenue
Glebe St.
Rectory Road
Jeune Street
Woodman Ct.
Cross Street
Grants M.
Dawson St.
Tyndale Road
Alma Pl.
Cowley Road
Cowley Place
St. Hilda's College
Magdalen College School
Alhambra Lane
Circus Street
Temple Street
Stockmore Street
Cinema
Pembroke Court
Princess Street
Union Street
Avenue Lane
Moberly Cl.
Marston Street
St. Stephen's Ho.
Iffley Road
Crown Street
St. Mary's Road
Hurst Street
James Street
Denmark Street
Regent Street
Bullingdon Road
Henley Street
Aston Street
Stanley Road
Pavilion
Christ Church Sports Ground
Oxford University Sports Complex
Rugby Football Ground
Bannister Cl.
Lane
Stratford Street
Greyfriars
A4158
Jackdaw Lane
Meadow Lane
Playing Fields
Cherwell
4
28
34
45
107
10
11
12
L
M

Liste der Karteneinträge

Hier nicht aufgeführte Nummern liegen außerhalb der abgebildeten Karten. Ihre Lage kann aber wie die von allen Ortsmarken im Buch mithilfe der Web-App angezeigt werden (s. hintere Umschlagklappe innen).

Oxford, Umgebung

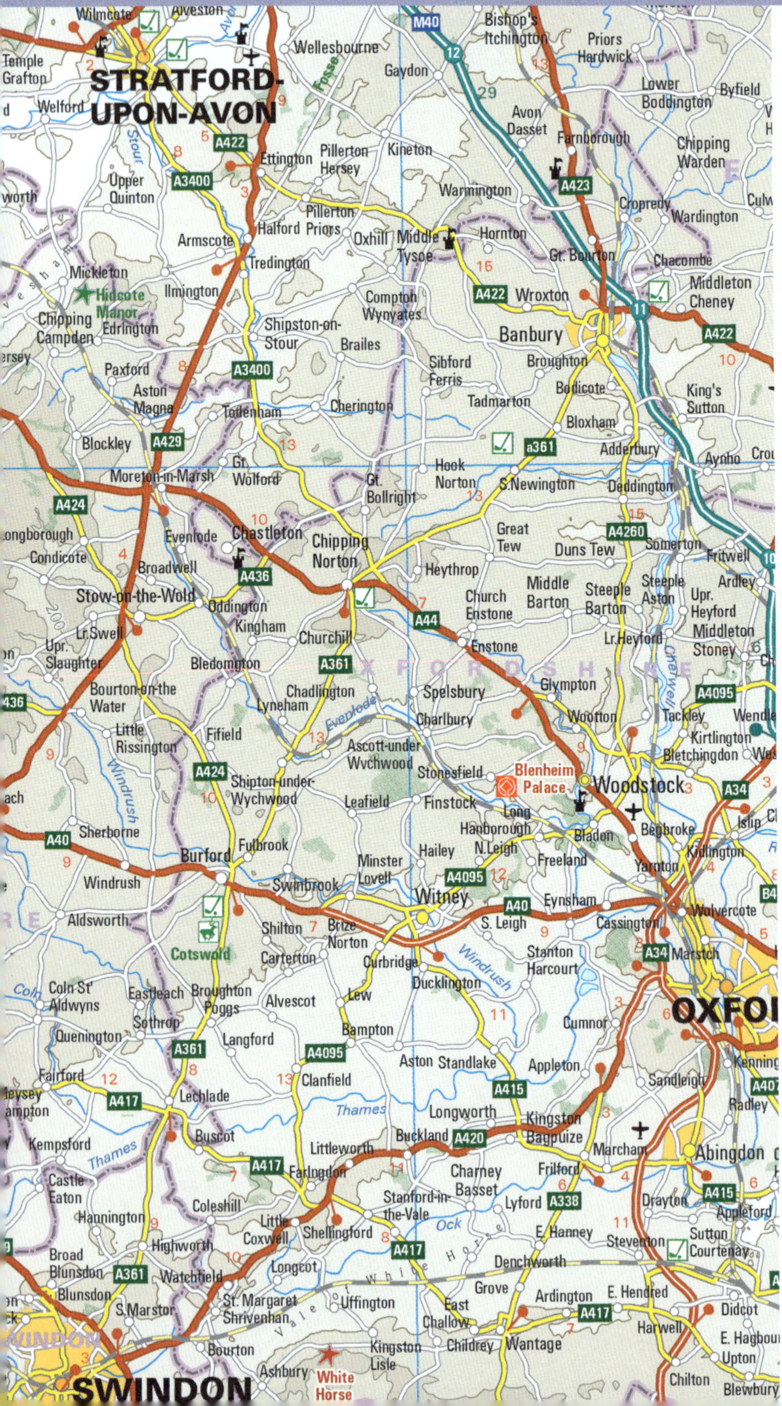